KB113647

경기도 부동산 투자지도

경기도 부동산 투자지도

초판 1쇄 발행   2020년 7월 21일

지은이   엘디(이관용)
펴낸이   변선욱
펴낸곳   헤리티지
마케팅   변창욱
디자인   꿈지락

출판등록   2008년 7월 25일 제313-2008-120호
주소   경기도 고양시 일산서구 일현로 97-11 두산위브더제니스 107-3803
전화   070-7817-8004
팩스   0303-3130-3011
이메일   latentman75@gmail.com
블로그   blog.naver.com/kinglib

ISBN   **979-11-86615-49-2 (13320)**

책값은 표지 뒤쪽에 있습니다.
파본은 구입하신 서점에서 교환해드립니다.

이 도서의 국립중앙도서관 출판예정도서목록(CIP)은 서지정보유통지원시스템 홈페이지
(http://seoji.nl.go.kr)와 국가자료공동목록시스템(http://www.nl.go.kr/kolisnet)에서
이용하실 수 있습니다.(CIP제어번호: CIP2020026455)

아무도 알려주지 않는
덜 오른, 더 오를 아파트

경기도 부동산 투자지도

엘디(이관용) 지음

헤리티지
HERITAGE

돈이 몰려들 경기도 아파트에 선진입하라

《2020 인천 부동산이 기회다》를 보고 많은 분이 고맙다는 인사를 전했다. 출간된 때가 원고를 넘긴 날로부터 3개월 뒤라 책에서 말한 아파트들은 이미 조금씩 상승하고 있었다. 투자법이 아니고 투자 지역과 아파트를 직접 대놓고 알려주는 책이라 호불호가 있을 수 있다고 했는데, 90% 독자들이 만족해했다. 책에 소개한 인천 아파트에 투자해서 돈을 번 사람들이 많았던 것이다.

인천 부동산시장이 책 내용대로 흘러가고 아파트들이 상승하는 것을 목격한 많은 독자가 경기도 부동산에 관한 책도 내달라고 요청했다. 경기도에 투자하고 싶은데 넓디넓은 경기도 지역 어디가 상승할지 모르니, 전작처럼 좋은 투자처를 돌직구로 알려달라는 것이다.

독자들은 특히 투자금이 적게 들면서 상승할 아파트들에 열광한 바 있다. 유명한 사람들이 온갖 매체에서 강남 아파트를 사라고 한창

열을 올리던 때다. 웬만하면 다 알법한 데다가 투자금이 많이 들어 보통 사람은 얼씬도 하기 어렵다. 큰돈이 없는 처지에서 부동산에 투자해보려는데, 소위 전문가란 사람들이 추천해주는 건 거의 무용지물일 때가 많다.

누구보다 초보자들 마음을 잘 안다고 자부한다. 그렇게 시작한 터다. 투자금이 많지 않아도 부동산 투자로 돈 벌 지역과 아파트들을 말해주고 싶다. 이번엔 인천에 이어 경기도다.

독자들이 무엇을 원할지 알지만, 더 정확한 니즈를 알고자 많은 이야기에 귀를 기울인다. 이 책도 그 응답이다.

이번에도 부동산 투자법은 아니다. 어디 어느 아파트에 투자해야 할지 직접 알려준다. 온전한 투자법을 배우고 싶다면《2020 수도권 부동산 2차 상승기가 온다》를 꼭 읽어보기 바란다. 지역과 아파트를 고르는 구체적인 노하우가 담겨 있다. 시리즈 형식이라 첫 책부터 보면 술술 읽힐 것이다.

책은 첫째, 통계를 통한 경기도 부동산의 현재를 다룬다. 수도권 부동산시장은 상승기이며, 서울·인천과 한 몸뚱이처럼 움직이는 경기도가 왜 오를 수밖에 없는지 확인할 수 있다.

부동산 통계 자료는 많은 해석을 낳을 수 있는 사회 통계와는 거리가 멀다. 투자 심리와 시장이 반영된 결과치인 통계에 따라 투자 결정을 내리는 터라 제일 안전하다. 책에 등장한 그래프나 표만으로도 책값은 충분히 할 것이다.

경기도에 속한 시(市)별 부동산을 살펴본다. 단 이미 많이 상승했거나 투자금이 지나치게 큰 지역은 뺐다. 아직 덜 올랐거나, 사람들에게 별로 관심이 없었지만, 앞으로 주목받을 곳들을 주로 다뤘다. 독자들이 제일 궁금해할 부분이다. 실수요시장에 적합한 투자법이 주요하다.

　둘째, 경기도 리모델링과 재건축이다. 마침내 경기도에 리모델링과 재건축 바람이 솔솔 불어온다. 비슷해 보이지만 다른 투자공식을 살펴보고, 리모델링, 재건축 이슈가 등장할 지역별 아파트를 소개한다.
　셋째, 경기도 투자 유망 아파트들이다. 상승이 예상되는 1억 미만으로 투자할 아파트들을 소개한다.

경기도 투자지도

경기도 리모델링

경기도 재건축

금액별 투자 아파트

1

수도권 부동산 상승은
멈추지 않는다

상승하는 부동산시장에
어이없는 폭락론

사스와 메르스의 영향은 국지적이었던 데 반해 신종 코로나(코로나 19)는 세계적인 유행병으로 번져 특히 경제에 심각한 타격을 입혔다.

1997년 IMF, 2008년 미국발 서브프라임모기지 사태처럼 직접적 금융시스템 위기로 치달을지는 미지수지만, 이 바이러스는 얼마든지 금융시스템으로 침투해 위험을 초래할 수 있다. 얼마나 심각하면 미국 연방준비제도이사회(연준)가 급격한 금리 인하를 단행하고 재차 양적완화를 한다고 할까.

공포는 부동산시장으로 전파됐다. 부동산 하락 시나리오는 대체로 이렇다. 경제 부진이 장기화해 기업이나 자영업자들이 문을 달으면 우선 일하는 사람들이 잘려나간다. 실업률은 점차 증가하고 갑자기 실직한 사람들은 소득이 없어져, 대출금을 상환하지 못해 연체되기 시작한다.

3회 정도 연체되면 은행에서는 대출자들에게 집을 경매로 넘긴다는 등 압박을 가하고, 차주(돈 빌린 자)는 당장 소득은 없고 돈은 갚아야 하기에 대출받아 산 집을 중개소에 내놓기 시작한다. 이런 사람들이 한두 명이면 괜찮지만, 갑자기 수십 수백 명으로 불어나 매물도 덩달아 늘면 심리까지 얼어붙어 매수자가 매도자보다 적게 된다… 집값은 떨어질 수밖에 없다.

독자들도 어디선가 이런 끔찍한 이야기를 들어봤을 것이다.

결론부터 말하면 그런 일은 벌어지지 않을 것이다. 많은 사람이 걱정하고 공포심에 떠는 건 부동산 시장 원리를 잘 모르는 데 기인한다.

우선, 소득이 갑자기 없어져 은행이 독촉한다 해도, 금융 위기 때와 달리 금리가 턱없이 낮다. 더 내려가려야 갈 수 없는 바닥 수준이다. 즉, 소득이 갑자기 끊겨도 이를 감내할 여력이 있다.

주식은 가치가 하락해도 마땅한 도리가 없지만, 부동산은 전세라는 제도가 방패 역할을 훌륭하게 해준다. 기준금리도 상당 기간 낮게 형성될 것이다. 세계적으로 경제가 좋지 않은 데다가 미국이 당분간 금리를 인상하지 못하면 우리나라도 올리기 어렵다.

저리로 전세자금을 대출받아 월세 살던 사람들은 전세로 갈아탄다. 대출 규제가 심하고 경기침체로 주택 매수를 두려워하는 사람들로 매매보다는 전세 선택이 늘어날 것이다. 전세 수요 증가다.

집주인은 전세 수요 증가로 전세가가 상승해도 그 상승분을 전세 보증금으로 다 받지 않을 것이다. 투자처도 마땅치 않고 예금에 넣는다 한들 이자가 터무니없이 낮기 때문이다. 공시지가 인상으로 보유세가 늘어난 만큼 전세금 상승분을 월세로 돌려 반전세로 받으려 할 거다. 앞으로 전세 물량은 점차 줄어들고, 전세 수요는 늘어날 것이다. 수요, 공급 법칙에 따라 전세가는 앞으로 상승할 수밖에 없다(국토부는 전세가가 상승하면 또 전월세상한제나 임대계약갱신청구권 시행한다고 말할 게 뻔하다).

서울은 국토부와 서울시에서 정비사업을 규제해 앞으로 나올 전세 공급이 줄어든다. 전세 물량이 많아진다면, 전세가가 하락해 역할이 제한적이겠지만, 다행히도 수도권은 앞으로 공급이 점차 부족해져 전세가가 상승하는 추세다.

정리하면, 부동산이 공포감 탓에 하락한다 해도(그럴 일은 요원해 보이지만), 전세 덕분에 큰 하락은 막아줄 것이다.

전세가는 계속 우상향하고 매매가가 보합세나 약간의 조정(?)으로 접어드는 국면이 벌어지더라도 시간이 흘러 공포감이 사라지면 시간문제일 뿐 부동산매매가는 다시 오르게 돼 있다. 근본적인 원인은 수도권 부동산에 공급물량이 없기 때문이다!

수강생 중 몇몇이 요즘 같은 시기에 다들 불안해하고 부동산은 이제 하락하거나 끝난 것 같은데 상승 의견에 변함이 없냐고 묻는다.

"네. 제 생각은 변함이 없습니다. 돌발변수(코로나19 같은)는 상승하는 부동산시장을 일시적으로 누르거나 멈추게 할 순 있지만, 하락으로 바꾸는 힘은 없습니다."라고 확실하게 말해준다.

부동산 상승과 하락을 만들어 내는 근본적이고 원천적인 힘은 오로지 '공급'뿐이다. 이미 수도권 부동산에 투자했다면 두려워하지 말고, 투자할 계획이라면 기회라고 생각하자. 단, 여유자금으로 하고 영끌(영혼까지 끌어모은다는 의미)로 무리한 투자는 지양할 것.

수도권 집값은
떨어질 이유가 없다

아직도 집값 거품론과 초저가 매수의 희망을 품고 '기다려 보자' 하고 있을 독자를 위한 실망스러운(?) 역사를 강변하고자 한다. 몇몇 언론 기사나 인플루언서의 혀 놀림에 정신 승리를 하지 않기를 바라며.

예상치 못한 돌발변수가 부동산에 영향을 준 과거 사례가 있다. IMF와 서브프라임모기지 사태다. 그때와 2020년 현재 부동산시장이 어떻게 달라졌는지 살펴보자. 사례를 비교하면서 부동산을 움직이는 근본적인 동인을 발견한다면 당신은 이미 성공한 투자자나 다름없다.

1. 공급

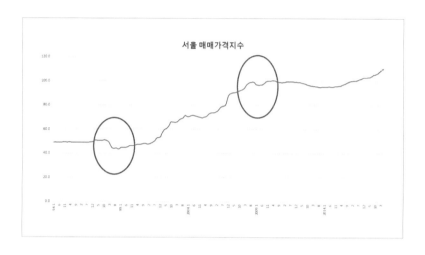

위 그래프는 1994년부터 최근까지 서울 아파트 매매가 흐름이다. 첫 번째 동그라미는 IMF, 두 번째는 서브프라임모기지 때다.

IMF라는 큰 경제위기에도 몇 개월간 하락했을 뿐 그 뒤로 부동산 가격은 우상향했다. 코로나도 IMF와 마찬가지로 외부변수라고 보면 된다. 부동산이 외부변수 때문에 상승하다가 멈추는 일은 없다.

2008년 서브프라임 사태 뒤 부동산이 긴 시간 동안 하락한 것은 외부변수 때문일까? 원인은 서울, 경기, 인천에 공급물량이 크게 쌓였

던 데 있다. 어차피 하락할 때가 왔는데 서브프라임 사태가 시점을 조금 더 앞당긴 것이다. 만약 이때도 공급과잉 시기가 아니었다면 IMF 때처럼 조금 하락한 뒤 재상승했을 것이다.

거듭 강조하지만, 수도권에 공급은 씨가 마른다. 사재기 열풍을 본적 있을 것이다. 식료품점에서 식자재들이 동나는 사태. 당장 먹고사는데 지장이 없어도 앞으로 문제가 생길 거로 예상하면 사람들은 지레겁을 먹고 물건들을 사다가 쌓아 놓는다.

집도 마찬가지다. 앞으로 공급이 급격히 줄어들 거라는 공포심을 품게 되면 사람들은 당장 필요 없어도 미리미리 집을 사려고 한다.

2. 대출 규제

2020년 LTV와 DTI를 더 강하게 묶어놓은 데다가 DSR까지 시행하고 있다. 과거 미국과 일본의 경우 소득이나 집값 이상의 대출을 해줘 거품이 발생하고 마침내 버블 붕괴로 위기가 발생했다.

우리나라는 어떤가? 집값의 최대 70% 이상은 절대 대출해주지 않는다. 야속한가? 반대로 해석하면 안전하다는 뜻이다. 소득수준에 맞게 대출해주고 그 이상은 차단했다. 하물며 개인이 가진 부채를 모두 합해 소득과 비교해 대출하는 형편이다. 이는 정부에서 만일을 대비해

이중 삼중의 안전장치를 해둔 것으로 부실 부채로 오는 위험을 현격히 줄이는 효과를 낸다. 미국과 일본처럼 거품 붕괴가 발생할 확률이 낮다고 보면 된다.

3. 서울 입주 감소

입주 물량은 2020년 4만 호, 2021년 2만 호로 절반이 줄어든다. 더욱이 분양물량뿐만 아니라 중개소에서 거래되는 유통물량도 사라지고 있다.

재개발·재건축 입주권 거래 금지에 더해 2020년 4월 이후부터 분양권 매매까지 금지해놔서 중개소에 매물이 사라졌다. 공급 부족 현상이 닥친다. 앞으로 가격이 오르면 수요는 늘어나고, 수요가 매물보다 많으면 가격은 뛴다.

4. 미분양

미분양은 2008년에 11만 호 수준이었지만, 현재는 전국 4만 호 정도 된다. 거기다 수도권 미분양 수준은 약 4천 호에 불과하다. 공급 부족으로 분양권이 인기가 높아질 테니 앞으로 미분양은 더 소진될 것이다.

옷을 만드는 사람이 있다. 창고에는 재고가 쌓여있다. 보통 재고를 다 소진하고 나서야 새 옷을 만든다. 갑자기 사람들이 재고를 소진하는데, 앞으로 새 옷을 만들지 못하게 되면 창고에 있던 옷 가격은 어떻게 될까?

집도 마찬가지다. 미분양은 앞으로 계속 주는데 새 아파트가 더 나오지 않는다면 집값은 우상향한다.

5. 저금리

2008년에 대출금리는 약 7%였다. 가산금리까지 더하면 엄청나게 높았다. 대출이자로 30만 원이면 됐는데, 100만 원을 내야 했다는 말이다. 다달이 내는 금액은 늘었고 이는 다주택자들을 곤란하게 했다.

2020년 5월 현재. 대출금리는 약 2%대다. 다주택자들이 대출이자 내는 데 더는 부담스럽지 않다. 그들에겐 종부세 인상보다 대출이자 상승이 훨씬 더 위협적이다. 종부세는 1년에 한 번 내지만, 대출이자는 한 달에 한 번 내야 하지 않나! 저금리 탓에 시장에 매물은 쏟아지지 않을 거다.

6. 전세가

수도권의 경우 전세가율이 2008년에는 40%대였으나 2020년 현재 60% 이상이다. 높은 전세가율은 전세자금대출을 잘해준 이유도 한몫한다. 높은 전세가율은 집값을 지지해줬다. 다행히 수도권은 공급이 부족해져 전세가는 지금보다 오를 것이다.

1998년 IMF 사태 이후 서울 아파트 집값이 15% 떨어졌다. 그러다가 1999년부터 2002년까지 약 80% 상승했다. 2008년 이후 서울의 은마 아파트는 9천만 원 하락했는데 1999년부터 2002년까지 약 4억 이상 상승했다.

수도권 부동산이 하락할 이유는 찾기 어렵다. 집값이 1억씩 떨어진다는 소문에 갈피를 못 잡고 있나? 더 떨어질까 싶어 움직이지 않고, 점찍고 반등해 무섭게 오르면 다시 움츠러드는 우를 범하지 마시라.

발바닥에 사서 머리끝에서 팔려는 꿈은 당장 깨라. 사두고 매수가격보다 조금 더 내려가도 앞으로 더 오르면 된다는 마음으로 투자하자.

부동산 규제 헛발질

2014년부터 부동산이 본격적으로 상승한다. 그새 집값 잡겠다는 규제가 20여 차례에 걸쳐 나왔다. 효과는? 몇 개월부터 최대 1년여간 상승세를 주춤하게는 했다. 당국은 성과의 축배를 들 수 있었을까? 그 뒤 부동산 가격은 계속 올랐다. 엄살만 늘어놓는 언론과는 달리 시장 참가자들에게 규제, 특히 수요를 틀어막는 정책은 외려 반대 신호로 받아들여지기에 달했다. 정해진 목적지로 달리는 자동차에 가속도가 붙었는데 브레이크를 살짝씩 밟아, 속도를 조절하면서 오래 가라고 장려하는 것만 같다.

부동산은 급격하게 올라 이른 시기에 상승장이 마무리되는 것보다 적당하고 오래 상승할 때 집값을 더 올리게 한다.

규제는 부동산 시장을 잠깐 진정시킬 수는 있지만, 대세 상승장을 하락으로 전환하게 만들지는 못한다.

과거에 원리금 균등상환을 시행하고 나서 부동산 시장이 잠잠했다가 몇 개월 뒤 재상승한 적이 있다. 대출 규제가 핵심인 8·2, 9·13, 12·16 대책 같은 정책이 나오고 나서 우리는 목격하지 않는가? 집값은 잡히기는커녕 계속 오르는 중이다. 아무리 초보 투자자라고 해도 이 정도는 눈치채고 있으리라.

특히 수요를 억누르는 규제는 시장을 절대 잡을 수 없다. 자본주의 사회에서 수익이 나는 곳에 사람과 돈이 몰리는 건 절대 막을 수 없다.

집값이 계속 오르는 데다가 앞으로 상승하리란 기대감이 들면 집을 사고 싶어 한다. 수요는 늘어난다. 그런데 수요를 억제해 놓는 바람에 다주택자들이 시장(중개소)에 물건을 내놓지 못하는 결과를 초래한다. 공급이 부족해진다. 중개소에 매물이 사라지고 씨가 마르면 값은 오를 수밖에 없다.

부동산 규제책은 당분간 더욱더 강력해질 것이다. 봇물 터진 투자 행렬을 막을 묘수라고는 보기 어렵다. 부동산 규제가 여느 때보다 강력하다는 찌라시식 전단에 노심초사하며 좋은 시기에 투자 타이밍을 놓치면 부자의 꿈은 날아간다. 초보라면 더 귀 기울이시라.

마침내 3기 신도시에 예정된 물량들이 쏟아져 나오면서 적정수요보다 공급이 많아지는 시점에 부동산 상승장은 정점을 찍고 하락으로 접어들 것이다. 갈피를 잡기 어려울 땐 '공급'만 볼 것.

부동산 기상도 수도권 vs 지방

서울의 9억 이상, 15억 이상 고가주택들 가격이 하락했다며 언론에서 호들갑을 떨었더랬다. 신종 코로나라는 돌발변수와 정부의 강력한 규제가 한몫했다. 고가주택의 경우 대출 규제와 전세금 회수, 종부세 인상이 맞물린 것.

사연인즉슨 이렇다. 2020년 6월 30일까지 한시적으로 양도세 중과 유예기간과 장기보유특별공제 혜택을 줘 이때까지 다주택자들이 세금을 아끼려 약간의 매도 물건이 생겨 내림세가 나타났다.

증여를 위해 시세보다 최대한 낮게 법에 저촉되지 않는 선에서 거래하는 상황 또한 관련은 있어 보인다. 그러나 이는 극히 보기 드문 사례다.

5월까지는 한 달 내 잔금 치르는 조건으로 싸게 내놓는 물건들이 몇 개 나올 수 있다. 그러나 6월 이후로는 계약부터 잔금까지 기간이 짧아서 점차 중개소에 나오는 다주택자들 물건이 감소할 것이다.

몇억 원까지 떨어진 강남의 저가매물들은 부자들의 과감한 매수로 소진되고 있다. 그러고 나면 매매가는 바닥을 다지고 재상승하게 돼 있다. 6월 30일 이후 더는 세금 혜택이 없으므로 매물은 씨가 말라 부동산을 사고 싶어도 못 사는 거래절벽 구간이 온다.

9억 또는 6억 이하의 중저가 수도권 주택들은 고가주택들과 달리 조금씩 상승하고 있다. 코로나 사태가 터지기 전 엄청나게 오른 수원은 규제지역으로 지정된 뒤 주춤하지만, 시간이 지나면 재상승할 것이다.

그 외 수도권 비규제 지역에는 계속해서 투자자들이 진입하고 있다. 역세권이면서 투자금이 적게 들면 무조건 사들이는 실정이다. 특히 법인을 낸 투자자들이 늘면서 단타(단기투자)로 사고파는 일이 비일비재하다.

3억 하던 아파트들이 4억이 되고, 마찬가지로 4억이 5억, 6억이 8~9억 하는 때가 오면 어떤 일이 벌어질까? 불길은 9억 초과 아파트로 옮겨간다.

그간 고가와 저가 주택의 가격 차가 크게 벌어졌으나, 고가주택들이 멈칫하는 사이 저가주택들이 치고 올라와 둘 간 격차를 좁히면 고가주택 가격은 밀려 올라가게 된다. 9억~15억 초과 아파트들의 오름세는 시간문제다.

지방은 여전히 공급이 해소되지 않았는데도, 앞으로 부족해질 걸 염두에 두고 미리 진입하고 있다. 수도권뿐만 아니라 지방 부동산도 2018년도에 입주가 가장 많았고 그 후 급격한 공급 감소로 가격은 상승세다. 수도권과 달리 규제가 없으니 투자자와 돈이 몰릴 수밖에 없다.

투자자들은 수도권에서 어떤 부동산이 크게 올랐는지 목격했다. 지방도 수도권과 마찬가지로 신축, 분양권, 재건축, 재개발에 투자자가 들어오고 있다.

특히 분양권은 자금 여력이 없는 투자자에게 안성맞춤이다. 수도권은 당첨되면 10년간 사고팔 수 없지만, 비규제 지역은 6개월만 지나면 언제든 전매할 수 있다. 투자자들이 관심을 두는 게 당연하다.

앞으로도 지방은 입지 좋고, 구축들이 많은 곳에 들어서는 신축, 입지는 좋은데 낡아서 재건축 기대감이 큰 아파트, 그리고 분양권은 오를 것이고 단타로 돈을 벌 방법이 될 수 있다.

지방 부동산 투자로 돈을 벌 수는 있지만, 초보라면 정말 조심해야 한다. 투자자들끼리 서로 주고받다가 마지막에 폭탄을 떠안아야 할 사람이 나타나야 하는 탓이다. 그 마지막이 '내'가 되지 말란 법은 없다.

지방의 이런 단타 투자는 권하지 않는다. 초보일수록 규제가 있더라도 실수요자들이 대기하고 있는 수도권에 투자하는 게 좋다.

집값을 잡겠다면 :
부동산 투자를 끝낼 때

몇몇 언론에서 쓴 몇억씩 떨어졌다는 강남의 일부 아파트 말고 서울의 다른 주택들, 특히 9억 미만의 아파트 중 현장에 가서 싸게 나온 매물이 있는지 한번 물어보시라. 없다. 집주인들이 공포감에 휘둘려 내놓은 매물은 눈 씻고 찾아봐도 띄지 않는다.

정부 정책으로 다주택자들은 중개소에 매물을 내놓지 않는다. 거래할 물건보다 매수할 사람들이 더 많은 형편이다.

뉴스를 절대 그대로 믿지 말고 반드시 본인이 확인해보는 발품 정신을 발휘해야 한다. 그럼 정부가 정말 집값을 잡고 싶으면 어떻게 하면 될까?

나는 인도음식점을 10여 년간 운영한 적이 있다. 이른바 오픈발이 끝나 장사가 잘되지 않았다. 하루 5만 원 팔고 끝낸 적도 여러 번. 세월호와 메르스 사태를 겪어보니 코로나가 자영업자들에게 얼마만큼 큰 타격을 줬는지 알 것 같다.

장사가 안돼 적자가 계속되자 폐업을 할지 말지 기로에 섰다. 대부분은 폐업을 선택하겠지만, 어차피 망할 바에야 사람들에게 보시한다는 마음으로 가격 인하 대신, 더 좋은 재료를 쓰고 양도 전보다 푸짐하게 주었다. 음식 추가 비용도 받지 않았다.

이렇게 막 퍼주다 보니 처음 한두 달은 정말 손해가 전보다 더 막심했다. 그러나 2달이 지나자 가격 대비 양 많고 맛도 좋은데 인심까지 후하다는 소문이 나자 손님들이 늘기 시작해 형편이 나아졌다.

집값 잡는 방법도 비슷하다. 정비사업 물건이나 고가주택 일부만 급매로 나올 뿐 집값은 여전히 견고하다. 이유는 시장에서 거래할 매물이 없기 때문이다. 정부가 다주택자들에게 집을 팔지 못하게 만들어 놓은 정책 탓이다.

시장 수요보다 거래되는 매물(공급)이 늘어나면, 보이지 않는 손에 의해 집값은 자연스레 잡히고 조용해질 확률이 높다. 당장 1~2년간 계속될 부동산 상승은 포기하고 2년 뒤를 목표로 해야 옳다.

양도세 중과를 인하하거나 없애고, 1주택자 종부세 감면, 그리고 분양가 상한제 폐지 등 다주택자들을 겨냥한 규제를 풀어주면 된다.

그러지 않으면 4년이 지나도 집값은 잡히지 않을 것이다.

　다주택자들 규제를 풀어주면 집값이 폭등하지 어떻게 집값을 잡을 수 있냐고 물을 수 있다. 다주택자들이 보유 중인 매물을 마음껏 시장에 내놓을 수 있게 해서 유통물량이 늘어나면 시나브로 수요보다 공급이 많아져 자연스레 집값은 잡힌다. 단, 규제를 푼 후 초기 1~2년간 집값 상승은 감내해야 한다.

　그러나 기껏해야 1주택자 종부세 완화나 무주택자 대출 규제 완화 정도 될까, 정부는 다주택자를 옥죄는 규제는 풀지 않을 확률이 높다.

　다주택자들은 시장에 매물을 내놓지 않을 것이다. 하물며 수도권에 분양도 입주도 없는 시기가 다가온다. 진짜 집값을 잡는 정책이 나온다면 부동산 투자의 바로미터로 삼자.

이도 저도 귀찮으면
수도권 부동산은 경기도만 봐라

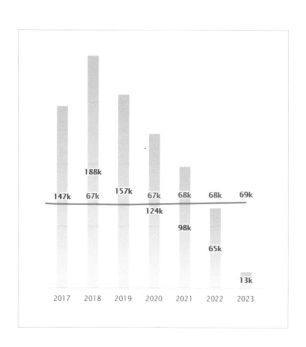

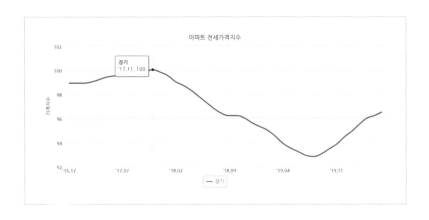

아파트 전세가격지수

경기
'17.11. 100

경기도 전체 수요와 입주, 전세 흐름을 나타내는 그래프다. 전세가 계속해서 오르다가 2017년 11월을 기점으로 하락추세로 접어들었다. 공급량이 적정수요보다 적으면 전세가 오르는데, 2017년 11월에 정점을 찍고 그 뒤로 꺾였다는 의미는 2018년도 입주 물량이 과잉이었음을 미뤄 알 수 있다.

전세는 2019년 7월까지 내리막길을 가다가 바닥을 찍고 상승세로 접어든다. 이 지점에서 적정수요보다 공급이 부족하다는 신호를 읽어내야 한다.

경기도에서 2018년과 2019년 물량공급은 과잉이었고, 2020년부터는 급격히 감소한다. 공급 부족 구간이라고 판단하면 맞다. 앞으로 3기 신도시에서 아파트 공급이 갑자기 쏟아져 나오거나, 경기도 구도심에서 재건축, 재개발로 획기적인 공급이 이뤄진다면 모를까, 경기도는 계속 공급 부족 앓이를 할 것이다.

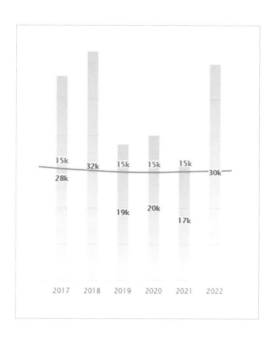

인천의 공급과 전세 흐름을 나타내는 그래프다. 인천도 경기도처럼 전세는 2017년 11월에 정점을 찍고 하락하다가 2019년 8월에 바닥을 다지고 상승세를 보인다. 2019년 8월 이후부터 공급 부족 신호가 왔다는 뜻이다.

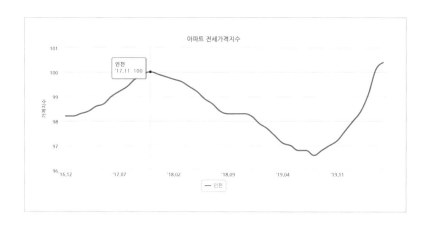

아파트 전세가격지수

그런데 공급 그래프를 보면 2019년보다 2020년에 많이 예정돼 있다. 공급이 많아지니 전세가 힘을 쓰지 못하는 게 정상인데, 반대 현상을 보인다.

인천의 공급 여부는 인천 자체보다 경기도 전체 공급량에 더 큰 영향을 받는다고 봐야 한다. 경기도가 공급과잉이면 인천에도 그 영향으로 공급과잉 효과를 준다.

서울은 어떨까? 서울도 똑같이 경기도 공급 여부에 영향을 받는다. 서울은 앞으로도 쭉 공급이 부족하니 굳이 들여다볼 필요도 없다.

수도권에 공급이 많냐 적냐를 판단할 때는 경기도 공급량만 봐도 충분하다.

2

경기도 부동산의
현재

통계로 보는 경기도

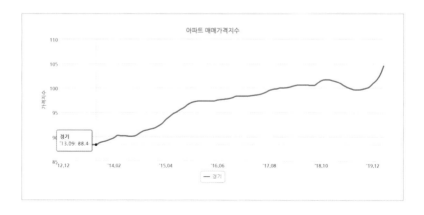

아파트 매매가격지수

경기
'13.09 88.4

경기도 아파트 매매가격지수를 나타내는 그래프다. 최근 매매가가 상승하고 있다. 앞으로도 공급이 급격히 감소해 상승할 것이다.

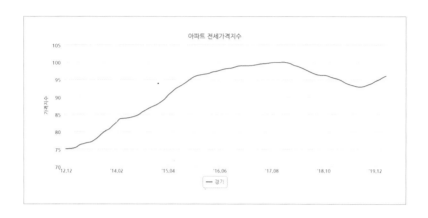

경기도 아파트 전세가격지수 그래프다. 전세가도 최근 상승세다. 전세가 공식이 있다면, 공급이 부족하면 오르고, 많으면 내린다는 것. 그러나 전세가가 하락하면 매매가도 뒤따라 하락한다는 말은 결코 공식이 아니니 유의하자.

매매가 상승 여부는 부동산 사이클에 달려 있다. 매매가는 사이클 상 상승기에 있다면 오르고, 하락기에 있으면 내린다. 단순히 한 해 입주 물량이 몰렸다고 해서 매매가가 하락하지는 않는다는 사실이 포인트다.

아래 표는 경기도 아파트 전세가율을 나타내는 그래프로 전세가 율이 점차 낮아져 71% 정도다. 하락 추세라고 오인할 수도 있지만, 이 는 높은 수치다.

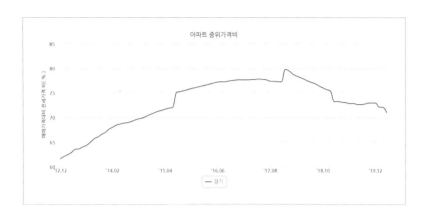

아파트 중위가격비

전세가와 매매가가 오르는데 왜 전세가율이 낮아지는지 의아할 수 있다. 전세가율과 전세가는 다른 개념이다. 전세가율은 매매가 대비 전세가를 비율로 나타낸 것이다. 전세가는 말 그대로 전세 가격이다.

전세가율이 낮아졌다는 뉴스를 보고 매매가와 전세가 차이가 벌어졌다고 판단해야지 '아~ 전세가가 낮아졌구나' 하고 생각하면 오산이다.

최근 경기도 부동산은 매매가가 전세가 상승 폭보다 더 크다. 전세가보다 매매가 상승이 더 커 전세가율이 하락하는 것이다.

아래 표는 경기도의 매매수급 동향을 나타낸다. 100이 기준으로 파란 선이 100 이상이면 중개소에 매물이 부족하다는 뜻이다. 반대로 파란 선이 100 밑에 있으면 시장에 매물이 많다는 의미다.

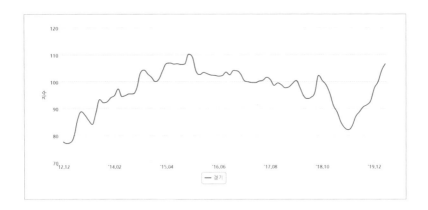

현재 경기도 전체에 매물이 점차 줄어들고 있다. 수요보다 공급이
부족하면 어떤 상황이 벌어질까?

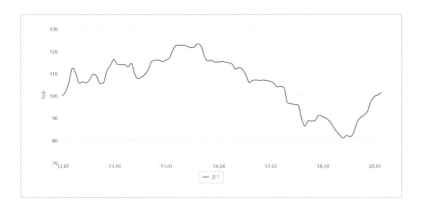

위 표는 경기도 전세수급 동향이다. 매매수급 동향과 마찬가지로

기준은 100이다. 최근 파란 선이 100을 넘어가며 높아지고 있다. 중개소에 전세물건이 줄고 있다는 의미다. 전세가는 상승을 예고한다.

지역	매입자 거주지	'19.12	'20.01	'20.02
	매입자 거주지별_합계	25,095	24,502	32,381
	관할 시군구내	12,152	11,781	14,571
경기	관할 시도내	6,581	6,795	9,831
	관할 시도외_서울	3,653	3,258	4,397
	관할 시도외_기타	2,709	2,668	3,582

위 표는 경기도 부동산거래현황이다. 어느 지역 사람들이 경기도 주택을 매수하고 있는지 살펴볼 수 있다. '관할 시군구 내'는 같은 시군구에 사는 사람들이, '관할 시도 내'는 같은 시도에 사는 사람들이, '관할 시도 외_서울'은 서울 사람들이, '관할 시도 외_기타'는 지방 사람들이 경기도 부동산을 얼마나 사고 있는지 나타낸다.

2019년 12월부터 2020년 2월까지 추이를 보면 점차 매수세가 커지고 있다. 서울, 지방 그리고 경기도에 사는 사람들도 경기도 부동산을 많이 매수하고 있다.

사람들이 집을 사는 이유는 집값이 오르리란 기대감 때문이다. 그렇지 않다면 전세로 사는 걸 택한다.

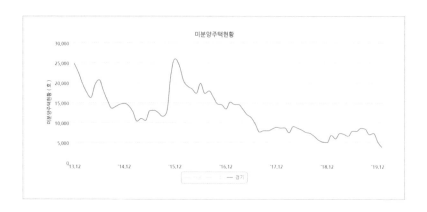

미분양주택현황

경기도 미분양주택 현황을 보자. 위 표를 보면 계속해서 우하향하며 감소하고 있다. 미분양은 재고 물량이다. 안 팔리던 물건이 갑자기 소진되는 이유를 헤아려보자.

경기도 집값이 상승하리란 기대감에 사람들이 재고 물량을 매수하면서 미분양 수치가 내려가는 것이다. 경기도 미분양은 지금보다 더 감소할 것이다. 미분양이 감소 추세고 절대적 수치가 낮으면 집값이 올라간다는 것이 정설이다.

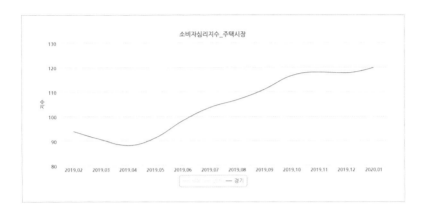

소비자심리지수_주택시장

경기도 주택시장에 대한 심리지수도 점차 높아지고 있다. 앞으로 경기도는 대부분 지역이 상승할 것이다.

경기도 아파트 매매와
전세 현황

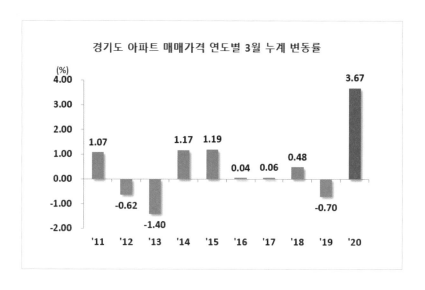

경기도 아파트 매매가격 연도별 3월 누계 변동률

경기도 아파트의 매매가는 2020년 3월 현재 높은 상승률을 보인다.

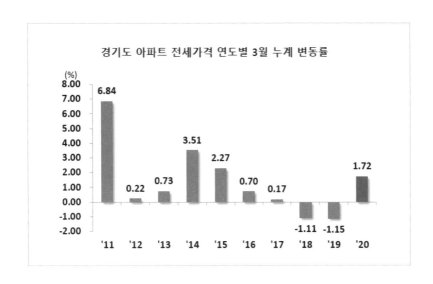

경기도 아파트 전세가격 연도별 3월 누계 변동률

경기도 아파트의 전세가도 공급과잉으로 내림세를 보이다가 상승 전환하는데, 공급 부족 때문이다. 2018년과 2019년의 전세가 하락은 경기도 전체에 공급이 수요보다 많은 과잉구간이었기 때문이다.

월(Monthl)	시도명	대분류	중분류	소분류	인허가실적
2013-12	경기	아파트	아파트	아파트	54,333
2014-12	경기	아파트	아파트	아파트	116,448
2015-12	경기	아파트	아파트	아파트	208,137
2016-12	경기	아파트	아파트	아파트	177,636
2017-12	경기	아파트	아파트	아파트	126,977
2018-12	경기	아파트	아파트	아파트	130,753
2019-12	경기	아파트	아파트	아파트	133,531

위 통계는 국토교통부가 낸 경기도 아파트의 인허가실적이다. 2015년 12월에 인허가가 가장 많고 그 후 계속 줄어들면서 2015년 대비 2019년 12월에 약 7만5천 호 감소했다.

보통 인허가를 받고 평균 3~4년 후에 입주할 아파트가 된다. 인허가가 증가추세면 앞으로 3~4년 후 입주 물량이 많아진다. 경기도는 2022~2023년쯤 입주 물량이 줄어드는 것으로 나타난다.

월(Monthl) ▼ ▲	구 분 ▼ ―	대분류 ▼ ―	중분류 ▼ ―	소분류 ▼ ―	사용검사실적
2013-12	경기	아파트	아파트	아파트	2,605
2014-12	경기	아파트	아파트	아파트	3,541
2015-12	경기	아파트	아파트	아파트	13,630
2016-12	경기	아파트	아파트	아파트	12,973
2017-12	경기	아파트	아파트	아파트	12,705
2018-12	경기	아파트	아파트	아파트	16,169
2019-12	경기	아파트	아파트	아파트	10,520

위 통계는 아파트 준공실적을 보여준다. 2018년이 가장 많은데 2015년에 인허가를 많이 받았기 때문이다. 그 후 입주 물량이 급격히 줄고 있다. 인허가도 줄고 분양도 거의 없는 데다가 입주 물량 또한 감소하고 있으니 새 아파트는 부족해진다.

우리나라 부동산시장에서 부족한 공급분은 다세대나 오피스텔, 소형주택이 아니다. 사람들은 어느 정도 되는 세대수에 커뮤니티 시설을 갖춘 새 아파트를 원한다.

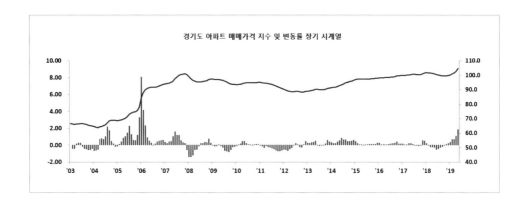

경기도 아파트 매매가 흐름은 점차 좋아지고 있다.

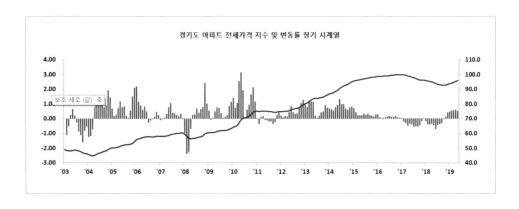

경기도 아파트 전세가 흐름 역시 상승 중이다.

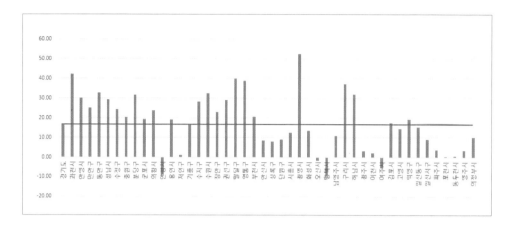

위 그래프는 2014년 1월부터 현재까지 경기도 각 시의 아파트 매매 상승률을 나타낸다. 여러분이 앞으로 눈여겨볼 곳은 경기도 전체 평균인 빨간색 가로 선보다 아래에 있는 곳이다. 이미 평균 이상 많이 오른 지역도 앞으로 상승하겠지만, 투자자로서는 투자금이 많이 들어가 부담스러워졌다.

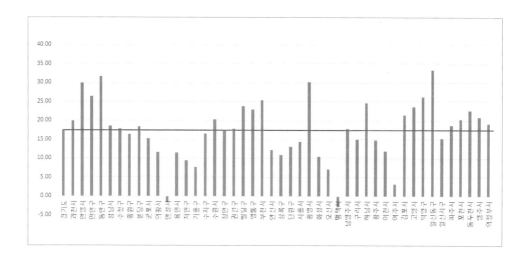

　　위 표는 경기도 아파트의 2014년 1월~2020년 5월 현재까지 전세
가 상승률이다. 경기도 전체 평균인 빨간색 가로 선보다 위에 있는 지
역을 위주로 보는 게 좋다.

　　전세가 상승률이 높은 곳은 잠재적으로 전세가율이 높고 투자금
이 적게 들어 전세가 매매를 밀어 올리며 상승할 힘이 있다.

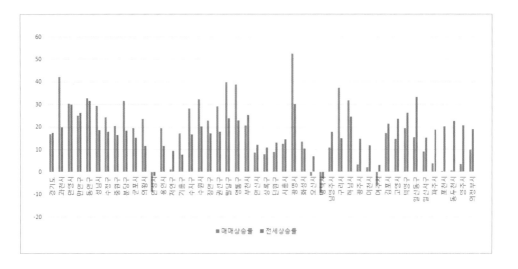

위 그래프를 비교하면서 전세가가 경기도 평균 위에 있는데, 매매가는 그 아래에 있다면 이곳이 기회의 장이 될 것이다.

크게 올랐고, 입지도 좋으며 사람들 모두 원하는 곳은 큰 자금이 들게 마련이다. 과천이나 분당이 대표적이다. 그러나 많은 투자자는 이런 곳이 아닌 가성비 좋은 곳에 투자하고 싶어 한다.

앞으로 안산, 일산, 파주, 남양주, 화성, 의정부, 양주를 눈여겨보자. 화성 부동산은 이미 많이 올랐지만, 경기도 평균에 못 미칠 정도로 아직 상승 여력이 있다. 단, 동탄2가 아니고 동탄1이다.

이 책에서는 경기도 평균 아파트 매매상승률보다 아래에 있는 지역들에 집중하고자 한다.

경기도 실수요시장의 도래

실수요시장은 한마디로 전세가의 힘으로 돌아가는 시장이라 생각하면 쉽다. 실수요시장이 발생하는 이유는 공급 부족 때문이다. 공급이 부족할 때 시장에서 먼저 나타나는 신호가 전세가 상승이다. 전세가가 상승하면서 매매가와 차이를 좁히고, 전세가가 매매가를 밀어 올리면서 매매가가 상승하는 패턴이다. 보통 전세가율이 65% 이상이 되면 조건이 충족된다.

2020년 하반기부터 수도권 전체에 공급이 부족해져 전세가가 전반적으로 상승하고, 2015~2017년에 실거주 가치가 있으면서 전세가 상승으로 매매가가 오른 지역과 아파트들이 다시 한번 상승세를 탈 것이다.

실거주 가치가 있는 곳이란, 직장 접근성이 좋은 곳을 말한다. 수도권의 경우 강남과 접근성이 좋은 분당, 용인, 안양, 과천, 의왕, 수원이 이에 속한다. 이곳은 실수요시장의 도래로 과거처럼 한 번 더 오를 것이다.

'지금도 비싼데 또 올라?' 하고 의심할 수 있다. 그러나 현재 가격은 그 아파트의 가치를 말해주지 않는다. 가격으로 시장과 아파트 가치를 판단하려 드는 시도는 늘 실패했다. 가격과는 달리 시장 속성으로 보면 여전히 상승 여력이 보인다.

이제껏 상승한 지역과 아파트가 어딘지 찾아보고, 그것들이 또 한 번 상승할 것이니 이곳에 먼저 투자해 집값이 오르면 팔고 빠져나오는 전략도 좋다.

다음 그림을 살펴보자

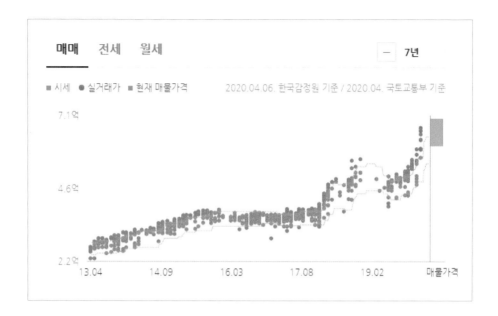

용인시 수지구 풍덕천동에 있는 신정1단지주공아파트의 매매가 흐름이다. 이 아파트는 가다 서기를 반복하며 우상향하고 있다.

현재 매물가격도 시세보다 높이 형성돼 있으며 집주인들의 집값 상승 기대감이 높다.

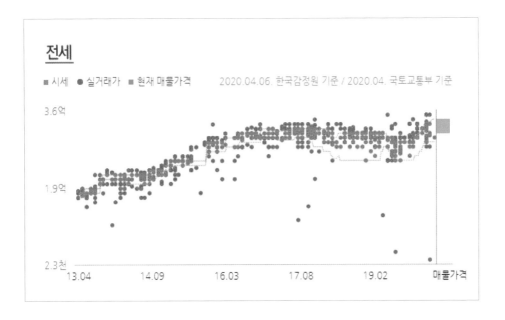

전세

■ 시세 ● 실거래가 ■ 현재 매물가격　　　　2020.04.06. 한국감정원 기준 / 2020.04. 국토교통부 기준

3.6억

1.9억

2.3천

13.04　　　14.09　　　16.03　　　17.08　　　19.02　　　매물가격

　　이 아파트 전세가도 점차 오를 준비 중이다. 2020년 하반기 경기도에 공급이 부족한 시기가 오면 전세가는 상승하고 곧바로 매매가도 오를 힘이 생길 거다.

　　현재는 투자금이 커 진입하기에 부담스러울 수 있다. 그러나 아파트 가격은 앞으로 실수요장 도래, 전세가와 매매가 상승으로 오를 것이다.
　　투자자는 과거에 전세가 상승으로 매매가 상승을 주도한 아파트를 찾아야 한다.

서울, 경기 그리고 인천의 관계

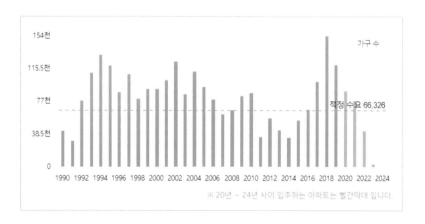

154천

115.5천

77천

38.5천

0

1990 1992 1994 1996 1998 2000 2002 2004 2006 2008 2010 2012 2014 2016 2018 2020 2022 2024

가구 수

적정 수요 66,326

※ 20년 ~ 24년 사이 입주하는 아파트는 빨간막대 입니다.

경기도의 입주 물량을 나타내는 또 다른 그래프다. 2018년에 경기도 전체 입주 물량이 가장 많았다. 그 후 공급이 급격히 감소하고 있음을 볼 수 있다.

경기도 전체 수요는 약 6만6천이며, 2022년부터는 본격적으로 공급 부족 시기로 접어든다.

2020년 4월~2021년 3월까지 수도권의 공급물량을 지도에 표시했다. 약 10만 호가 예정돼 있다.

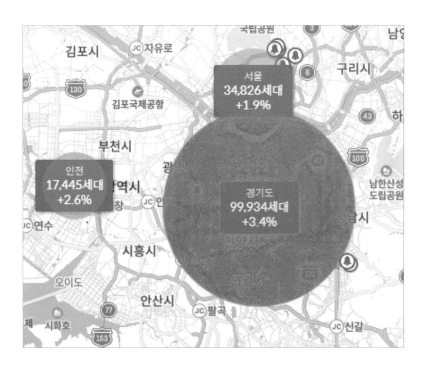

2021년 4월~2022년 3월까지 공급물량은 아래와 같다. 경기도만 보면 전년보다 약 3만5천 호가 감소한다. 서울도 공급이 줄고, 인천만 약 2,400호 늘어난다.

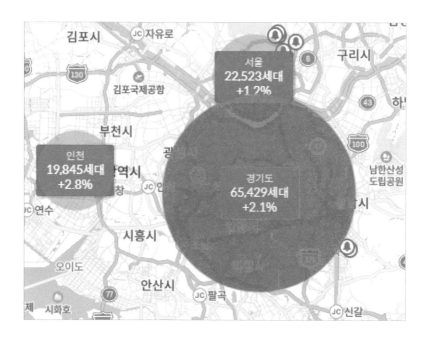

2022년 4월~2023년 3월까지 공급물량을 보자. 전년보다 경기도는 약 1만 호가 감소하고, 서울도 약 1만3천 호 감소한다. 인천만 3,000호 가량 증가한다.

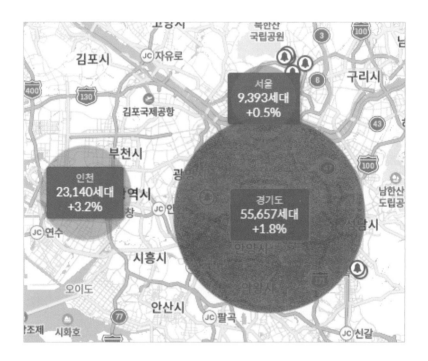

2020년 4월부터 2023년 3월까지 경기도에서 공급 감소 물량은 약 4만5,000호이며, 서울도 약 3만 호가 줄고 있다. 인천만 공급이 증가추세에 있으며 약 6,000호가 늘어난다.

경기와 서울 다 합쳐서 공급이 7만5천 호 정도 줄어드는데, 인천에서만 6,000호 정도 늘어난다. 비율로 따지면 인천에서 늘어나는 공급량보다 서울과 경기에서 줄어드는 공급량이 훨씬 더 크다.

인천의 8% 공급물량은 미미한 정도로 수도권에 공급 부족 현상을 일으킬 것이다. 냉탕과 온탕이 있다 치자. 냉탕은 서울과 경기, 온탕은 인천이다. 온탕 물 8%를 퍼서 냉탕에 붓는다고 냉탕이 온탕이 될 수 있을까? 그냥 계속 뜨거운 물로 남아있다.

서울, 경기, 인천은 한 몸뚱이다. 상승하면 시차를 두고 같이 상승하고, 하락하면 마찬가지로 동반 하락한다.

지방의 경우 수도권과 비슷한 양상을 보이는 곳이 세종, 대전, 청주다. 대전은 과거 세종의 입주 물량이 많았을 때 억눌렸다가 세종의 물량이 해소되고 잠잠해지니, 그간 상승하지 못했던 힘이 폭발해 크게 올랐다.

시간이 지나 세종의 공급물량이 계속 부족하면 청주에도 영향을 미쳐 상승세를 탈 수 있을 것이다. 서울과 경기도 집값이 많이 올라 그간 덜 오르고 외면받던 인천이 상승세를 탈 수밖에 없다고 전작에 쓴 이유도 이와 같다.

공급물량 그래프를 보면 2020년과 2021년에도 수요보다 공급이 많다고 나오는데, 2020년부터 공급 부족 구간으로 접어든다고 말하는

까닭은 서울의 공급 부족 부분을 경기도에서 떼 올 것이기 때문이다.

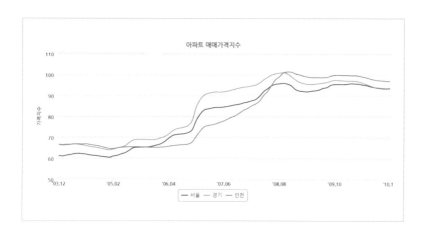

서울, 경기, 인천의 아파트 매매가 흐름을 나타내는 그래프다.

시차를 두고 서울, 경기도, 인천 순으로 부동산 가격이 올랐다. 서울과 경기도가 그간 크게 오르며 인천과 그 차이를 벌렸고, 사람들은 수도권 중 아직 덜 오른 인천에 주목했다. 인천에도 서울, 경기 못지않은 개발 호재가 있고 재개발·재건축이 활발히 진행되자 투자자들과 돈이 모인 것이다.

과거엔 인천 부동산을 끝으로 부동산이 하락했지만, 앞으로는 절대 그렇지 않을 것이다. 수도권 부동산 3형제가 계속 순환하며 상승할 것이다.

인천이 상승해서 경기도와 가격 차이를 좁히면 잠시 상승세가 멈춰 있던 경기도 아파트들이 재상승하고 이는 다시 서울 고가주택을 밀어 올리는 불쏘시개 역할을 할 것이다. 그럼 서울 고가주택이 다시 오르고 시간이 지나 경기, 인천의 아파트들과 차이를 벌리고 주춤해지면 그다음 경기도가 상승한 뒤 인천으로 흐름이 돌아올 것이다. 수도권 부동산은 상승 여력이 있고 오를 시간은 더 많이 남아있어 순환 상승의 종착역을 예상하기란 어렵다.

의정부가 규제지역으로 묶이면 부동산 하락장이 올 것으로 예상하는 사람도 있으나 꼭 들어맞는 말은 아니다. 개인적으로 의정부가 규제지역으로 묶이더라도 그 후 오랜 기간 수도권 상승은 진행되리라 확신한다. 동두천이 규제지역으로 묶이면 그땐 수도권 부동산 하락장이 오지 않을까 장난삼아 예측해볼 뿐이다.

수도권은 하나로 움직이는 '수도권시'임을 기억하자.

3

경기도
투자지도

2020년 4월 현재 경기도 각 시의 부동산 통계를 살펴보며 상승할 지역과 아파트를 소개할 것이다. 글 쓰는 시기와 출간 시점이 달라 소개한 지역 아파트가 이미 상승하는 곳도 있을 수 있다. 양해해주기 바란다.

다만 이미 집값이 오른 인기 지역이라도 계속 주시할 것. 투자가 가능하다면, 조금 주춤할 때 기회로 삼는 자세가 필요하다. 더 오를 것이기 때문이다.

이 장에서는 현재 흐름, 시세 높은 아파트, 관심 많은 아파트, 투자자들이 현재 많이 매수하고 있는 아파트 순서로 알아볼 것이다.

우선 시세 높은 아파트는 그 지역에 내 집을 마련할 실수요자들이 눈여겨보면 좋다. 시세가 비싼 이유는 해당 지역 사람들이 살고 싶어 하기 때문으로 해석할 수 있다.

랜드마크 아파트를 살 여력이 되면 사도 좋다. 단, 시세 높은 아파트가 매수하는 시점에 이미 많이 올라서 어렵다면 '관심 많은 아파트'를 고려하면 된다.

투자자들이 현재 많이 매수하고 있는 아파트는 투자자가 왜 그 아파트에 관심을 두고 투자하는지 분석하는 일이 중요하다. 만일 이미 투자자가 진입했지만, 더 오르리라 판단 들면 과감히 매수해도 괜찮다.

독자는 시세 높은 아파트, 관심 많은 아파트, 투자자가 현재 많이 사고 있는 아파트 순으로 눈여겨보면 된다.

1. 김포

1. 큰 흐름 보기

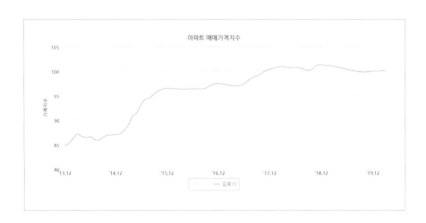

아파트 매매가격지수

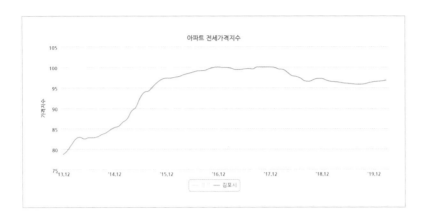

아파트 전세가격지수

최근 김포의 아파트 매매가격지수와 전세가격지수다. 그래프상으로 매매가격은 횡보로 보이지만 2020년 3월 현재 완만한 상승세로 접어들었다. 앞으로 인천 서구 검단에 입주가 많이 예정돼 전세가는 힘을 못 쓸 수 있지만, 큰 매매가 하락은 없을 것이다.

김포에 투자할 계획이라면 혹시 모를 역전세로 전세보증금을 돌려줄 상황에 대비하기 바란다. 전세가가 내려간다고 매매가가 뒤따라 하락하는 건 절대 아니다. 부동산 사이클이 관건임을 반드시 기억하자.

2. 공급과 수요

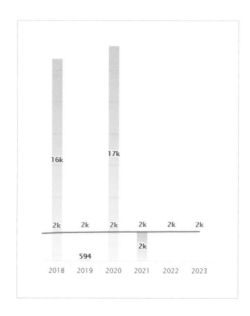

김포의 수요와 입주를 나타내는 그래프인데, 2020년에는 공급초 과고 그 이후는 공급이 없다. 즉, 2020년도만 잘 버티면 김포는 좋아 진다.

3. 미분양

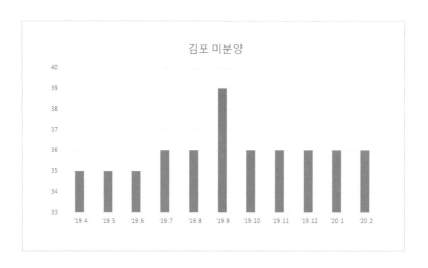

김포 미분양

미분양은 2019년 9월 고점 찍고 최근 36호만 남아있다. 절대적 수치로 봤을 때 워낙 낮은 수준이라 신경 쓰지 않아도 된다. 앞으로 나올 입주 물량 소진 여부에 따라 미분양분이 변하겠지만, 시간이 지나면 소진될 것이다.

2020년에 입주가 가장 많은 시기인데 대부분 하반기에 몰려있다. 즉, 김포의 입주 물량 쓰나미는 2020년 8월 이후부터 12월까지고 이 시기만 지나면 더는 공급과잉 걱정을 하지 않아도 된다.

주택유형	단지명	소재지	입주시기	총세대수	매매시세(3.3㎡)	분양가(3.3㎡)	시공사
아파트	힐스테이트리버시티2단지	경기도 김포시 고촌읍 향산리 0	2020-08	1,942	0	1,308	현대건설(주)
아파트	힐스테이트리버시티1단지	경기도 김포시 고촌읍 향산리 0	2020-08	1,568	0	1,297	현대건설(주)
아파트	캐슬앤파밀리에시티1단지	경기도 김포시 고촌 0	2020-11	2,255	0	1,255	롯데건설(주),신동아건설(주)
아파트	한강메트로자이3단지	경기도 김포시 걸포동 0	2020-07	431	0	1,236	지에스건설(주)
아파트	한강메트로자이2단지	경기도 김포시 걸포동 180	2020-07	2,456	0	1,227	지에스건설(주)
아파트	한강메트로자이1단지	경기도 김포시 걸포동 244-1	2020-08	1,142	0	1,212	지에스건설(주)
아파트	김포한강신도시동일스위트2단지	경기도 김포시 마산동 0	2020-12	711	0	1,067	(주)동일
아파트	김포한강신도시동일스위트1단지	경기도 김포시 마산동 0	2020-12	1,021	0	1,049	(주)동일스위트,(주)동일

코로나19 장기화 여부 등으로 미분양이 일시적으로 더 늘어날 수는 있으나, 입주가 몰린다고 매매가가 내려가거나 시장이 얼어붙지는 않을 것이다.

만약 김포에 투자할 생각이 있다면 언제 진입하는 게 좋을까? 입주가 끝나고 난 뒤로 생각하기 쉽지만, 그때는 늦는다. 반대로 올해 입주가 많을 때 들어가야 한다. 단, 전세 맞추는 데 유의하고, 전세를 끼고 사는 방법도 고려하자. 신이 아닌 다음에야 최적의 매수 타이밍을 잡기란 어렵다. 매도할 때 수익이 나면 충분하다.

4. 매매와 전세

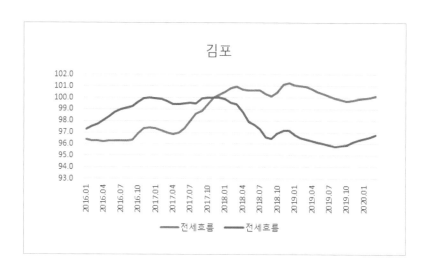

김포

이 그래프를 보고 어떻게 해석할지는 《수도권 부동산 2차 상승기가 온다》를 참고하자. 자세한 설명은 생략한다. 김포는 2019년 7월 이후 전세와 매매가 사이좋게 오르고 있다.

2022년에 김포는 공급 부족 구간으로 접어들겠지만, 많은 공급물량으로 전세가가 낮아지는 데다가 매매가와 차이가 커 투자금이 많이 든다는 단점이 있다.

김포는 서울 마곡지구에 종속된 도시라고 보면 된다. 마곡에 일자리가 늘면 어떤 상황이 벌어질까? 이곳은 집값이 비싼데 주변 아파트는 너무 낡아 젊고 소득 높은 사람들이 살기를 꺼린다. 새 아파트이면서 인프라가 잘 구축돼있고, 전철이 있는 김포를 택할 확률이 높다. 특히 김포한강신도시로 수요가 유입될 것이다.

김포는 자체적으로는 시장이 괜찮지만, 많은 입주가 예정된 검단신도시가 복병이다. 검단은 인천에 속해도 김포와 워낙 가까워 공급과잉 영향을 받을 것이다. 신도시 장점과 검단 공급과잉, 이 두 속성이 충돌해 어느 쪽이 이기냐에 따라 집값 향방이 결정될 것이다.

5. 시세 높은 아파트

1 풍무 센트럴 푸르지오
2,031만원/3.3㎡

2 고촌행정타운 한양수자인
1,739만원/3.3㎡

3 한강신도시 운양푸르지오
1,585만원/3.3㎡

4 한강신도시 반도유보라 6차
1,560만원/3.3㎡

5 김포사우아이파크
1,527만원/3.3㎡

6 풍무푸르지오1단지
1,511만원/3.3㎡

7 김포 한강신도시 반도유보라 2...
1,480만원/3.3㎡

8 청도솔리움
1,407만원/3.3㎡

9 김포한강 이랜드 타운힐스
1,405만원/3.3㎡

10 e편한세상 캐널시티
1,372만원/3.3㎡

김포에서 현재 최고가 아파트 목록이다. 투자금이 많이 든다는 단점이 보인다. 투자자들이 매수해 가격이 움직이려면 우선 입주가 마무리돼 전세가가 상승하고 매매가와 차이를 좁혀야 한다. 단, 2020년에는 어려울 것이다.

풍무센트럴푸르지오의 현재 흐름을 보자

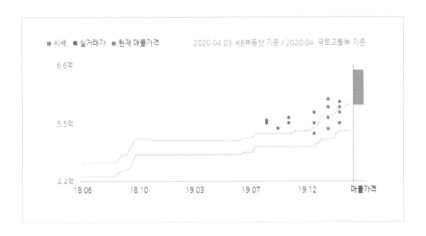

빨간 점들이 실거래가, 파란색은 시세다. 오른쪽 초록색 띠는 현재 중개소 매물가격이다.

실거래가가 시세보다 높은 위치에 많이 분포해 있으면 실거래가가 시세를 끌어 올리면서 가격이 상승한다고 보면 된다. 반대도 성립한다.

중개소 매물가격도 실거래가보다 높게 형성돼 있다. 집주인들이 집 값이 오르리란 기대감에 높은 가격으로 매물을 내놓고 있다는 뜻이다. 이 아파트는 앞으로 가격이 오르겠지만, 2억 이상의 투자금이 든다.

6. 투자자 관심 높은 아파트

1 풍무푸르지오1단지

2 한강센트럴자이1단지

3 풍무 센트럴 푸르지오

4 한화유로메트로1단지

5 유현마을(현대프라임빌)

6 김포 한강신도시 반도유보라 2...

7 한강신도시 롯데캐슬

8 한강신도시 3차 푸르지오

9 수기마을힐스테이트1단지

10 고창마을 한양수자인 리버팰리스...

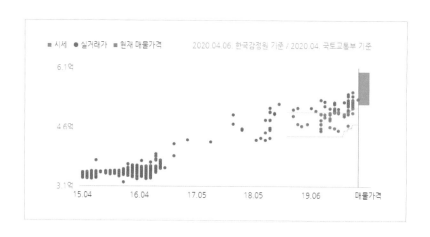

■ 시세 ● 실거래가 ■ 현재 매물가격   2020.04.06. 한국감정원 기준 / 2020.04. 국토교통부 기준

풍무푸르지오1단지를 보자

최근 실거래도 많이 이뤄진 데다가 실거래가가 시세보다 높게 형성돼 집값을 끌어올릴 것이다. 중개소 매물가격도 높게 형성돼 있다.

집주인들이 집값 상승 기대감이 크며, 매수자들이 집을 사고 싶어한다는 걸 알 수 있다. 만약 중개소에 매수자가 많지 않으면 중개사들이 집주인에게 그 분위기를 전하고 집주인들도 높은 가격에 매물을 내놓지 못한다.

이 아파트도 앞으로 상승하겠지만, 투자금이 1억8천 정도 든다.

7. 투자자 많이 사는 아파트(2020년 4월)

1	캐슬앤파밀리에시티2단지
2	한강센트럴자이1
3	한강금호어울림2
4	풍무푸르지오
5	한강금호어울림1
6	풍경마을래미안한강2차
7	한강힐스테이트
8	한강메트로자이2단지
9	김포한강신도시동일스위트1
10	한강신도시2차 kcc스위첸

김포는 김포도시철도 주변을 중심으로 너무 오래되지 않은 신축급 아파트들 위주로 접근하면 좋다. 워낙 새 아파트가 많아 오래된 아파트들은 찬밥신세가 될 확률이 높다. 투자금에 맞는 신축급 아파트를 찾자.

2. 고양

1. 큰 흐름

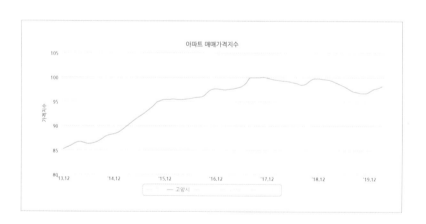

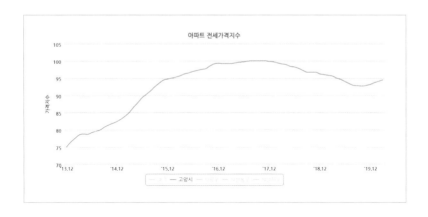

고양시 아파트 매매가격지수는 2019년 12월을 기점으로 상승세를 타고 있다. 전세가격지수도 우상향 중이다.

2. 공급과 수요

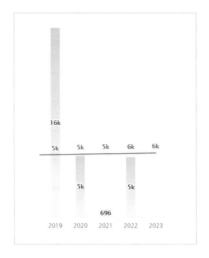

고양시 전체 입주와 수요를 보면 2019년에 공급과잉이고 그 뒤부터 감소 추세다. 2022년을 적정수준으로 보면 된다. 부족하지 않지만, 경기도 전체 공급 부족에 영향을 받을 것이다.

3. 미분양

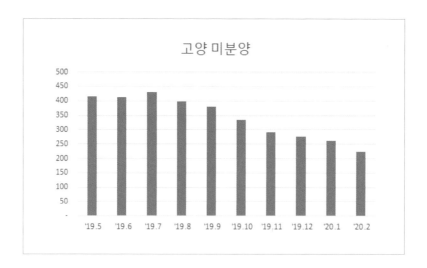

고양시 미분양은 2019년 7월 정점을 찍고 점차 감소하고 있다. 미분양이 감소하는 이유는 집값이 상승하리란 기대감에 매수하고 있기 때문이다.

4. 매매와 전세

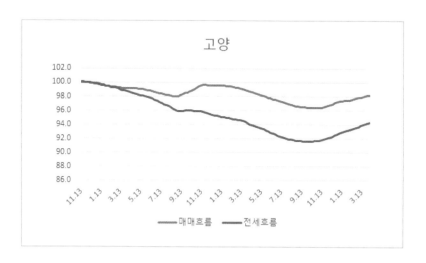

고양시 전세와 매매가 흐름은 좋아지고 있다. 일산 1기 신도시 아파트들은 낡았지만, 입지와 학군이 좋아 수요자들이 다시 찾을 수밖에 없다.

일산 집값은 여태 일산보다 접근성이 좋고 서울과 가까운 곳에 새로운 아파트들 탓에 오르지 못했다. 그러나 삼송지구나 지축의 아파트들이 많이 올라 일산의 구축 아파트와 차이를 벌려 놨다.

일산 아파트들은 몇 년 후 재건축 연한이 다가오지만, 재건축 사업성이 나오는 평당가격에는 도달하지 못했다. 재건축은 현재로선 진행되기 어렵고 대신 리모델링 이야기가 나와 시장에서 주목받으며 찬밥신세를 면할 것이다.

투자자들은 입지, 학군, 리모델링 이슈에 관심을 가지고 투자할 가능성이 있다. 고양시 집값은 2022년에 리모델링 이슈와 경기도 전체 공급 부족이 자체 적정공급과 힘을 겨뤄 전자가 이기면 오를 것이다.

5. 일산 동구 시세 높은 아파트

1 킨텍스원시티 3블럭
2,731만원/3.3㎡

2 킨텍스원시티 2블럭
2,695만원/3.3㎡

3 킨텍스원시티 1블럭
2,571만원/3.3㎡

4 힐스테이트 킨텍스 레이크뷰
2,550만원/3.3㎡

5 일산요진와이시티
2,329만원/3.3㎡

6 호수마을(청구)
1,527만원/3.3㎡

7 호수마을(현대)
1,456만원/3.3㎡

8 호수마을(롯데)
1,455만원/3.3㎡

9 강촌마을(라이프)
1,447만원/3.3㎡

10 강촌마을(코오롱)
1,426만원/3.3㎡

킨텍스원시티 아파트들은 GTX 호재에 신축이라 가격이 높다. 투자금이 많이 들어 투자자가 진입하기엔 부담스럽다. 호수마을과 강촌마을 아파트들도 마찬가지. 앞으로 가격은 더 오를 것이다. 만약 리모델링 이야기가 나오면 가격은 단기간에 급격히 오를 수 있다.

6. 일산 동구 투자자 관심 높은 아파트

1 일산요진와이시티

2 위시티일산자이2단지

3 위시티일산자이1단지

4 강촌마을(라이프)

5 강촌마을(동아)

6 위시티일산자이4단지

7 백마마을(한양)

8 백마마을(금호)

9 위시티블루밍5단지

10 호수마을(현대)

7. 일산서구 시세 높은 아파트

1 킨텍스 꿈에그린
2,404만원/3.3㎡

2 문촌마을(뉴삼익)
1,630만원/3.3㎡

3 강선마을(두산)
1,563만원/3.3㎡

4 강선마을(우성)
1,548만원/3.3㎡

5 강선마을(삼환)
1,500만원/3.3㎡

6 후곡마을(건영15)
1,486만원/3.3㎡

7 강선마을(유원)
1,462만원/3.3㎡

8 문촌마을(신우)
1,442만원/3.3㎡

9 문촌마을(신안)
1,427만원/3.3㎡

10 문촌마을(세경14)
1,409만원/3.3㎡

GTX 호재 옆이거나 가까운 곳의 구축 아파트 중에서도 호재와 가까운 문촌 마을과 강선마을이 높은 시세를 유지하고 있다. 유동성 장세에서 빛을 발하는 것은 역시 개발 호재다. 호재 주변의 아파트들이 집값이 높고 상승 폭이 클 수밖에 없다.

8. 일산 서구 투자자 관심 높은 아파트

1 큰마을대림,현대아파트

2 하이파크시티 일산파밀리에4단지...

3 문촌마을(신우)

4 후곡마을(주공)

5 문촌마을(뉴삼익)

6 킨텍스 꿈에그린

7 탄현마을(경남)

8 가좌마을2단지대우

9 하이파크시티 일산파밀리에2단지...

10 탄현마을(진로)

큰마을대림, 현대아파트는 투자금이 적게 들어 투자자들이 주목하는 곳이다. 최근 후곡마을에 투자자가 많이 진입하고 있다. 일산역 쪽 신축, 주엽역과 일산역 주변 아파트 리모델링 이슈 이렇게 2가지 호재가 섞여 앞으로 투자자들이 더욱 눈여겨볼 수 있다.

9. 투자자 많이 사는 아파트 (2020년 4월)

덕양구	달빛1단지
	무원10단지
	옥빛17단지
	행신1차sk뷰
일산동구	은행마을1단지
	숲속마을2단지
	하늘마을2단지
일산서구	일산에듀포레푸르지오
	일산하이파크시티4단지
	탄현8단지
	일산동양
	대화5, 6단지

3. 남양주

1. 큰 흐름

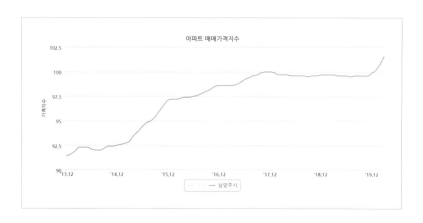

남양주시 아파트 매매가격지수는 2020년 2월 현재 상승하고 있다.

아파트 전세가격지수

전세가는 최근 반등하고 있다. 전세가 하락하다가 흐름이 좋아지는 건 공급 부족 때문이다.

2. 공급과 수요

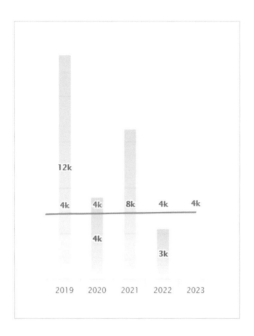

남양주는 2021년까지 공급이 많고 2022년 돼서야 해소되는 지역 이지만, 경기도 전체 공급이 급격히 감소하고 있어 어느 정도 상쇄 효 과를 줄 것이다.

3. 미분양

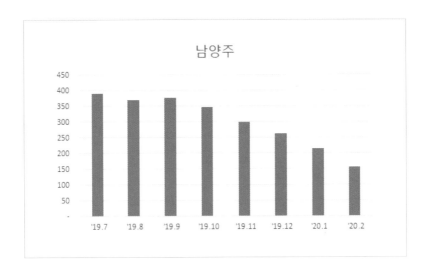

미분양은 점차 감소 추세고 앞으로도 더 소진될 것이다.

4. 매매와 전세

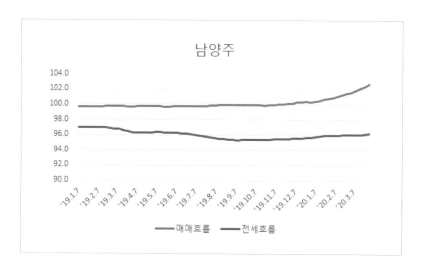

전세는 아직 공급과잉으로 횡보하지만, 경기도 전체의 공급이 해소되고 있는 데다가 이를 눈치챈 투자자들이 먼저 진입해 매매가를 끌어 올리고 있다. 앞으로 매매와 전세 차이는 점점 더 벌어질 것이다.

남양주는 그동안 입주 과잉으로 다산, 별내 신도시 등을 빼고는 거의 오르지 못했다. 그러나 서울과 접근성이 나쁘지 않고, 교통 호재 등으로 현재보다 서울 접근성이 더 좋아질 곳이다.

남양주시 자체도 공급 부족 시기가 다가온다. 호재가 있는 곳의 구축 아파트들도 투자자들이 진입하면서 가격이 오를 때가 왔다. 남양주 집값은 2022년에 올라 있을 것이다.

5. 시세 높은 아파트

1 **별내아이파크2차**
2,127만원/3.3㎡

2 **쌍용예가**
1,687만원/3.3㎡

3 **신안인스빌**
1,655만원/3.3㎡

4 **한화꿈에그린더스타**
1,652만원/3.3㎡

5 **한화꿈에그린**
1,588만원/3.3㎡

6 **동익미라벨(1060-0)**
1,574만원/3.3㎡

7 **별내 푸르지오**
1,560만원/3.3㎡

8 **동익미라벨(1058-0)**
1,548만원/3.3㎡

9 **평내호평역KCC스위첸**
1,545만원/3.3㎡

10 **상록리슈빌**
1,530만원/3.3㎡

신축이나 신축급 아파트들이 높은 시세를 형성하고 있다. 단, 투자금이 많이 든다.

6. 투자자 관심 높은 아파트

1 별내아이파크2차

2 호평마을금강

3 부영e그린1차

4 부영e그린3차

5 호평파라곤

6 부영e그린4,5차

7 별내 푸르지오

8 신안인스빌(13B/L)

9 덕소두산위브

10 동부센트레빌

호평마을금강은 17년 차가 됐다. GTX 호재가 있는 평내호평역 근처이면서 초·중·고 다 있고 입지도 괜찮은 아파트다. 현재 갭은 28평형이 약 6천만 원이지만, 매매가가 오르고 있어 더 벌어질 수 있다.

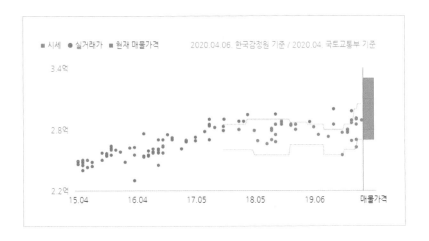

실거래가가 시세보다 높게 형성돼 있으며 더 오를 것이다. 다만, 호평마을금강보다 다른 아파트를 권하고 싶다. 뒤에 자세히 다루겠다.

7. 투자자 많이 사는 아파트(2020년 4월)

1	신안인스빌퍼스트포레
2	남양주두산위브트레지움
3	두산 살알프하임
4	남양주더샵퍼스트시티
5	화도센트럴우방아이유쉘
6	금강펜터리움
7	한강우성

4. 부천

1. 큰 흐름

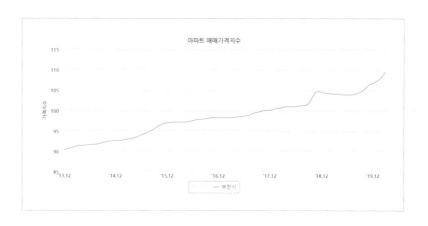

부천의 매매가는 상승 중이다. 서울과 접근성이 좋고, 중동 신도시가 있어 앞으로 주목받으며 상승할 것이다.

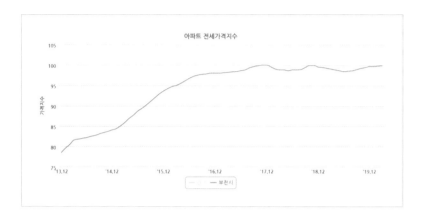

전세는 과거 경기도 전체의 공급과잉으로 약간의 하락과 횡보를 반복하고 있다. 앞으로 전세가 흐름은 좋을 것이다.

2. 공급과 수요

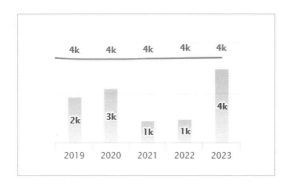

부천은 공급이 계속 부족하다. 중동신도시는 리모델링 이슈가 나올 수 있어 눈여겨보자.

3. 미분양

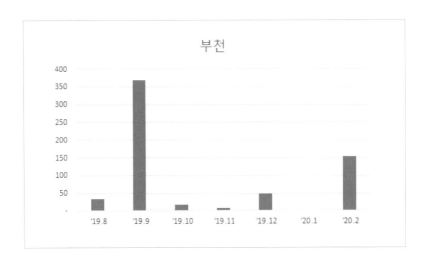

미분양이 2020년 2월 갑자기 늘어나긴 했으나 앞으로 소진될 것이다.

4. 매매와 전세

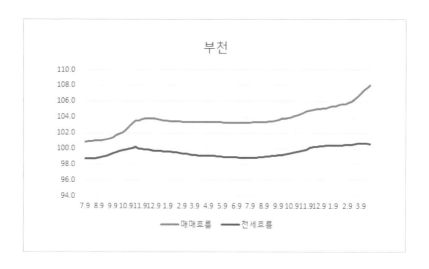

전세는 횡보하지만, 매매는 상승 중이다. 앞으로 전세는 반등할 것이고 매매도 더 오를 것이다.

부천은 구로구 옆이라 서울이라 해도 무방할 정도다. 부천은 서울에 종속된 도시로 서울과 함께 상승하는 특징이 있다. 그 반대도 성립한다.

부천은 낡은 아파트가 많아 약점으로 지적됐으나, 일산처럼 1기 신도시로서 입지가 좋다. 재건축 연한이 다가오고 리모델링 이슈가 나올 곳 중 하나여서 빛을 볼 때가 다가오고 있다.

신도시에 아무리 새 아파트를 공급해봐야 인프라가 없고 교통이 불편해서 사람들은 선호하지 않는다. 그러나 구도심의 낡은 아파트들은 반대로 대부분 다 갖춰져 있다. 유일한 취약점인 낡은 아파트가 리모델링이나 재건축한다는 시기가 되고 이야기가 돌면, 미운 오리는 백조로 탈바꿈한다. 시점은 가까워지고 있다. 2022년 부천 집값은 올라 있을 것이다.

5. 시세 높은 아파트

1 래미안 부천 중동
2,233만원/3.3㎡

2 부천소사역푸르지오
1,932만원/3.3㎡

3 옥길호반베르디움
1,892만원/3.3㎡

4 송내역 파인 푸르지오 2단지
1,877만원/3.3㎡

5 송내역 파인 푸르지오 1단지
1,868만원/3.3㎡

6 상동스카이뷰자이
1,860만원/3.3㎡

7 여월휴먼시아3단지
1,848만원/3.3㎡

8 여월휴먼시아(4단지)
1,824만원/3.3㎡

9 부천옥길자이
1,810만원/3.3㎡

10 역곡역이편한세상
1,793만원/3.3㎡

실거주면 모를까, 대부분 투자금이 많이 들어 투자자로서는 매력 적이지 않다. 집값이 오르지 않는다는 뜻은 아니니 오해하지 말자.

6. 투자자 관심 높은 아파트

1 엘에이치옥길브리즈힐

2 팰리스카운티

3 래미안 부천 중동

4 옥길호반베르디움

5 금강마을(주공)

6 주공뜨란채

7 진달래마을(효성)

8 여월휴먼시아3단지

9 부천아이파크

10 범박휴먼시아2단지

7. 투자자 많이 사는 아파트(2020년 4월)

1	부천일루미스테이트
2	주공뜨란채4
3	풍림
4	lh옥길브리즈힐
5	힐스테이트3단지
6	소사sk뷰

5. 안산

1. 큰 흐름

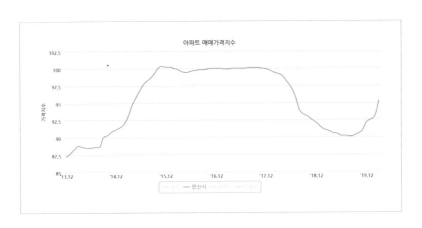

아파트 매매가격지수

2017년 12월 이후 안산의 아파트 매매가 흐름이 좋지 않다가 최근

급등하고 있다. 호재가 많고 그간 공급이 많아서 힘을 쓰지 못했으나, 공급과잉 해소로 투자자들이 크게 관심을 두는 곳이다. 매매가 흐름은 더욱더 좋아질 것이다.

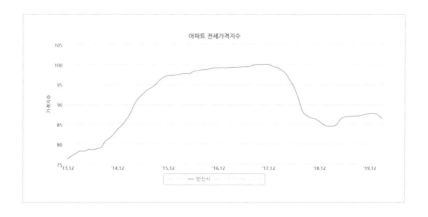

최근 아파트 전세가 흐름은 좋지 않다. 아직 물량이 남아있고 하반기까지 주위에 입주 물량이 있기 때문이다. 2021년까지 전세는 힘쓰지 못할 수 있다.

2. 공급과 수요

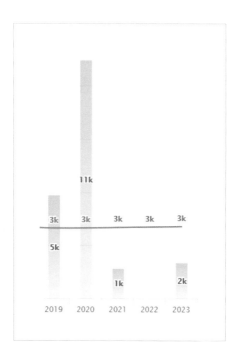

안산은 2020년에 입주가 많이 몰려있다. 전세가 흐름이 좋지 않은 이유다. 그러나 2021년 이후 공급 부족 구간으로 접어든다. 2020년 입주 예정 지역을 보자.

주택유형	단지명	소재지	입주시기	총세대수	매매시세	분양가(3.3㎡)	시공사
아파트	e편한세상선부광장	경기도 안산시 단원구 선부동 961	2020-11	719	0	1,346	대림산업(주)
아파트	안산천년가리더스카이	경기도 안산시 단원구 와동 762	2020-05	449	0	964	새천년종합건설(주)

단원구에서는 선부동과 와동에서 5월과 11월에,

주택유형	단지명	소재지	입주시기	총세대수	매매시세	분양가(3.3㎡)	시공사
아파트	그랑시티자이2차	경기도 안산시 상록구 사동 1639	2020-10	3,370	0	1,326	지에스건설(주)
아파트	건건동영무예다음	경기도 안산시 상록구 건건동 606	2020-07	390	0	1,241	(주)영무토건

상록구에서는 사동, 건건동에서 7월과 10월에 입주가 있다.

5월부터 10월까지 입주 소나기만 지나면 안산도 공급 부족 시기로

접어들고 그 주변 지역들도 같은 상황이 돼 상승할 수밖에 없다.

3. 미분양

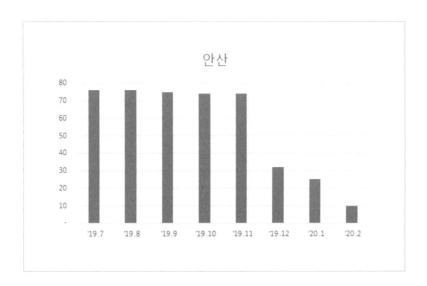

안산은 미분양이 점차 감소하고 있다. 2020년 5월부터 입주가 시작되고 코로나 여파로 미분양은 일시적으로 늘어날 수 있지만, 해소될 것이다. 안산은 신안산선 호재가 크다. 공급 해소와 호재로 유망한 지역이다.

4. 매매와 전세

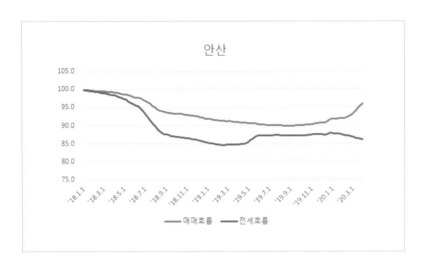

2020년까지 예정된 입주로 전세가 흐름은 좋지 않다. 매매가는 계속 상승하는데 매매가와 전세가의 차이가 벌어지면 투자자로서는 투자금이 많이 소요된다. 요즘 투자자들은 호재 주변 구축 아파트에 진입하고 있다. 투자금이 그나마 적게 들어가기 때문이다.

30년 차 정도 낡은 아파트로 재건축 이슈를 바라는 투자인데, 조심해야 한다. 재건축이나 리모델링 소문이 돌지 않으면 집값이 큰 폭으로 떨어질 위험이 도사린다.

초보 투자로 전 재산을 건 투자는 삼가자.

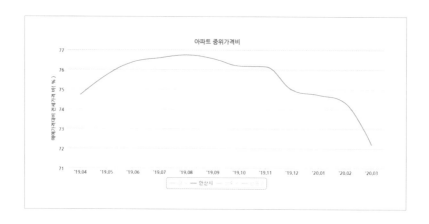

아파트 중위가격비

안산의 전세가율은 하락 추세로 약 72%지만, 매매가가 뒤따라 하락할 60% 밑으로는 내려가지 않을 것이다.

안산은 초지역과 중앙역 부근에 새 아파트가 많이 공급되고 있다. 이 신축은 입지도 좋아서 공급이 많았을 때도 매매가는 계속해서 올랐다.

구축들도 공급과잉 구간을 지나면 탄력을 받을 것이다. 신축이 많이 올라 신축과 구축의 갭이 크게 벌어져 있다. 갭을 좁히며 구축들이 상승할 타이밍으로 이미 오르고 있다.

안산은 30년 넘은 아파트들이 좋은 입지에 포진해 있다. 이 아파트들도 투자금이 적게 들어 계속 주목받을 것이다. 그러나 소형평형이 많고, 오래됐지만 재건축이나 리모델링 소문이 나오지 못할 아파트는 단지 싸다고 투자하지 말기 바란다. 위험과 변동성이 너무 크다. 안산 집값도 오를 것이다.

5. 단원구 시세 높은 아파트

1 주공5
2,655만원/3.3㎡

2 주공6
2,454만원/3.3㎡

3 안산레이크타운푸르지오
1,978만원/3.3㎡

4 힐스테이트중앙
1,917만원/3.3㎡

5 센트럴푸르지오
1,828만원/3.3㎡

6 초지역메이저타운푸르지오메트로단...
1,665만원/3.3㎡

7 초지역메이저타운푸르지오파크단지...
1,644만원/3.3㎡

8 초지역메이저타운푸르지오에코단지...
1,553만원/3.3㎡

9 군자주공9
1,449만원/3.3㎡

10 보광그랑베르
1,439만원/3.3㎡

주공5, 6단지는 재건축 연한이 됐고 저층이면서 대지지분이 크다. 진작부터 투자자들이 들어가 전세와 갭이 크다. 앞으로 새 아파트가 될 가능성이 있거나 현재 신축 또는 신축급 아파트들 시세가 높이 형성돼 있다.

6. 단원구 투자자 관심 높은 아파트

1 e편한세상선부

2 안산레이크타운푸르지오

3 호수공원(대림1)

4 e편한세상선부2차

5 푸르지오3차

6 주공5

7 서해그랑블

8 대우푸르지오5

9 두산위브

10 호수마을풍림

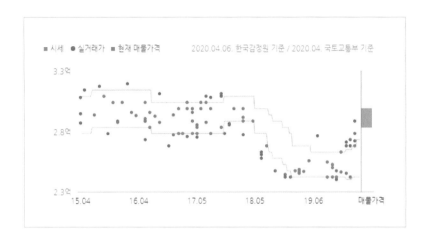

＊ 시세　● 실거래가　■ 현재 매물가격　　2020.04.06. 한국감정원 기준 / 2020.04. 국토교통부 기준

3.3억

2.8억

2.3억

15.04　　16.04　　17.05　　18.05　　19.06　　매물가격

　　호수마을 풍림아파트 시세를 보면, 실거래가가 시세 위에 점차 분포를 늘리며 가격을 끌어올리고 현재 매물가격들도 높게 형성돼 있다. 이 아파트는 앞으로 더 상승할 것이다.

7. 상록구 시세 높은 아파트

1 파크푸르지오
1,782만원/3.3㎡

2 주공3
1,391만원/3.3㎡

3 월드
1,145만원/3.3㎡

4 (536-40)
1,108만원/3.3㎡

5 안산고잔6차푸르지오
1,083만원/3.3㎡

6 건건e-편한세상
1,050만원/3.3㎡

7 안산고잔9차푸르지오
1,019만원/3.3㎡

8 푸른마을주공4
1,017만원/3.3㎡

9 주공4
1,010만원/3.3㎡

10 안산현대1
998만원/3.3㎡

상록구도 새 아파트 또는 현재는 낡았으나 입지가 좋고 재건축 시 사업성이 좋은 대지지분 크고 저층인 아파트들이 높은 시세를 형성하고 있다. 단, 투자금이 많이 든다.

8. 상록구 투자자 관심 높은 아파트

1 안산고잔6차푸르지오

2 한양

3 신안1

4 안산고잔7차푸르지오

5 안산고잔9차푸르지오

6 건건e-편한세상

7 반월한양

8 선경

9 주공10

10 예술인

신안산선 한양대역 근처의 신축 아파트들에 투자자들의 관심이 크다. 그러나 투자금이 적지 않아 선뜻 진입하지는 못하고 있다.

성포주공10단지 시세를 보자.

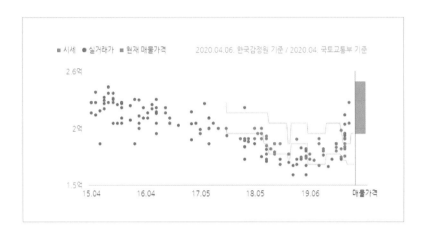

실거래가가 시세보다 높이 형성돼 가격을 위로 견인하고 있으며 중개소에 나온 매물 호가도 시세보다 높다. 이 아파트도 앞으로 더 상승할 것이다.

9) 투자자 많이 사는 아파트(2020년 4월)

단원구	휴먼시아
	호수마을풍림아이원
	벽산블루밍
	안산라프리모
	휴먼시아3
상록구	그랑시티자이
	e편한세상상록
	선경
	푸르지오2차
	그랑시티자이2차

6. 의정부

1. 큰 흐름

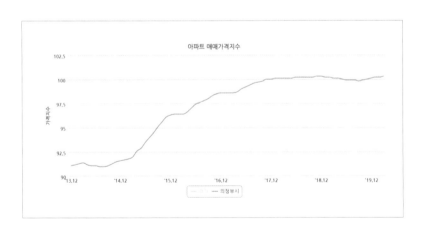

아파트 매매가격이 최근까지 횡보하다가 상승 준비 중이다. 경기도 전체에서 공급이 해소되고 있기 때문이다.

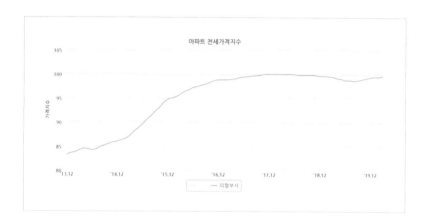

전세가 최근 오름세인 이유도 경기도 전체 공급이 부족해지는 데 있다. 다만, 2020년에 2019년보다 공급이 많이 예정돼 있어, 유의해야 한다.

2. 공급과 수요

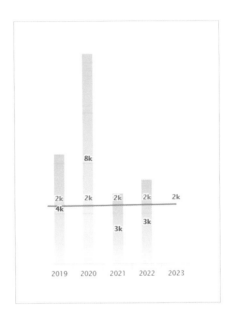

의정부는 2020년에 입주가 많고 앞으로도 공급 부족 지역은 아니다. 2022년에 적정수준에 머물 것이다.

아래는 2020년 1월~12월까지 의정부에 입주할 아파트 목록이다.

주택유형	단지명	소재지	입주시기	총세대수	매매시세	분양가(3.3㎡)	시공사
아파트	의정부역 코아루퍼스트윈	경기도 의정부시 의정부동 499-7	2020-10	298	0	1,386	
아파트	의정부 고산대방노블랜드	경기도 의정부시 고산동 0	2020-11	932	0	1,092	대방건설(주)
아파트	고산택지지구대광로제비앙	경기도 의정부시 산곡동 1-2	2020-04	722	0	996	(주)대광건영
아파트	e편한세상추동공원2차	경기도 의정부시 신곡동 25-2	2020-08	1,773	0	938	대림산업(주),고려개발(주)
아파트(임대)	의정부고산 S-1블록10년공공임대리츠	경기도 의정부시 고산동 176	2020-08	670	0	169	한신공영(주)
아파트(임대)	의정부고산S2-2	경기도 의정부시 고산동 155-2	2020-07	628	0	120	경남기업(주)
아파트	의정부메트하임센트리버	경기도 의정부시 의정부동 21-3	2020-08	196	0	0	
아파트	더플리움씨티	경기도 의정부시 의정부동 492-1	2020-10	130	0	0	(주)태림건설

3. 미분양

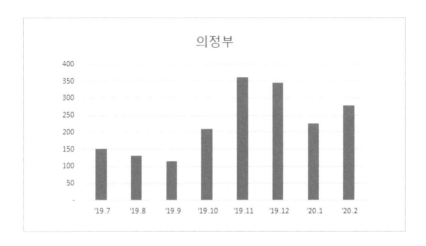

의정부 미분양은 들쭉날쭉하다. 입주 물량이 많지만, 코로나가 진정되고 수도권 부동산시장이 회복되면 미분양은 해소될 것이다. 2020년 전세 맞추는 것만 유의하자.

3. 매매와 전세

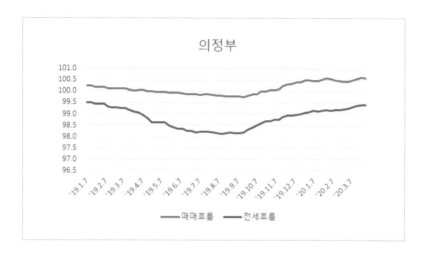

의정부

현재 의정부 매매와 전세는 둘 다 흐름이 좋다. 전세가는 2020년 공급이 많아 횡보 또는 일시 하락할 수 있으나 매매가 흐름은 조금씩 나아질 것이다.

의정부에도 호재가 있고, 신축이나 분양권은 계속 투자자들이 관심을 가질 것이다. 그럼 구축 아파트들은 어떻게 될까? 신축과 갭을 벌리면 구축 아파트들도 따라 오를 확률이 있다. 단, 많은 공급이 예정된 양주가 문제다. 의정부와 양주는 가까울뿐더러 사람들 왕래가 잦아 공급과잉 영향을 받을 수 있다. 의정부 교통 호재와 양주의 공급과잉 중 어느 쪽이 이기냐에 따라 의정부 집값이 결정될 것이다.

4. 시세 높은 아파트

1 수락리버시티2단지
1,436만원/3.3㎡

2 의정부 롯데캐슬 골드파크 1단...
1,426만원/3.3㎡

3 수락리버시티1단지
1,400만원/3.3㎡

4 의정부 롯데캐슬 골드파크 2단...
1,396만원/3.3㎡

5 르네상스시티
1,332만원/3.3㎡

6 경기도 의정부시 민락동847 ...
1,324만원/3.3㎡

7 우미쁘띠린 2차
1,307만원/3.3㎡

8 호원동한승미메이드
1,249만원/3.3㎡

9 e편한세상 신곡 파크비스타
1,240만원/3.3㎡

10 회룡역풍림아이원
1,182만원/3.3㎡

투자금이 대부분 1억을 넘는다.

5. 투자자 관심 높은 아파트

1 경기도 의정부시 민락동847 …

2 신일유토빌

3 현대

4 I-PARK

5 의정부민락푸르지오

6 의정부 민락 금강펜테리움아파.

7 드림밸리

8 금오2차신도브래뉴업

9 호원동한승미메이드

10 민락e-편한세상

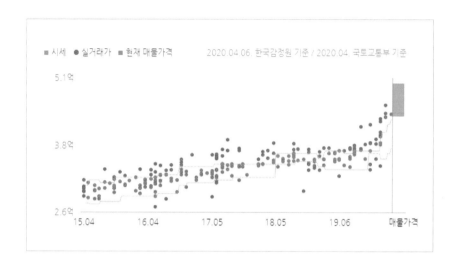

신일유토빌 시세를 보면, 실거래가가 계속 우상향하면서 시세를 끌어 올리고 있다. 중개소 매물도 시세보다 높게 형성돼 앞으로도 오를 아파트 중 하나다. 현재 투자금은 약 1억5천 정도. 입지가 좋아 의정부에 사는 실수요자들이 선호하는 아파트 중 하나로, 투자금이 적지 않지만 앞으로 오를 것이다.

6. 투자자 많이 사는 아파트(2020년 4월)

1	호반베르디움1차
2	고산택지지구대광로제비앙
3	산들마을서광, 청구
4	탑석센트럴자이
5	신명
6	장암더샵

7. 파주

1. 큰 흐름

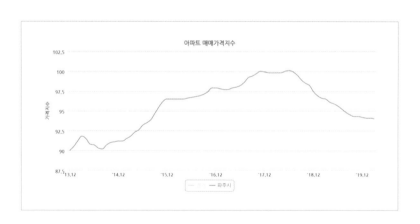

2019년 12월 이후, 매매가 흐름은 좋지 않다.

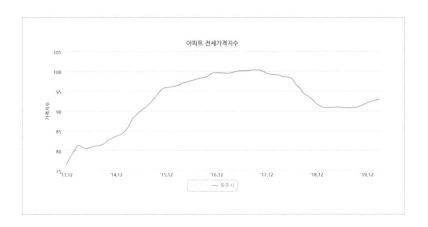

아파트 전세가 흐름은 상승하고 있다. 2019년에 공급이 전혀 없었기 때문이다. 하지만, 2020년에는 다시 공급과잉 구간으로 전세가가 힘쓰지 못할 수 있으니 유의하자. 파주는 전세가 약하면 매매도 따라간다.

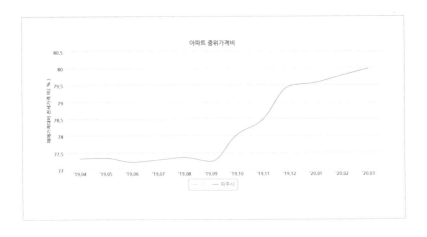

아파트 충위가격비

파주의 전세가율은 80%에 육박하며, 전세가 계속 상승해서 매매가와 차이를 좁히면 전세가 매매를 밀어 올리는 시기가 올 것이다.

2. 공급과 수요

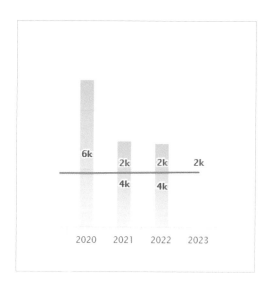

파주는 공급이 많이 예정돼 있다. 그러나 2021년과 2022년은 적정한 공급량으로 보면 된다. 전세는 일시적으로 약할 수 있지만, 경기도 전체 공급물량 부족으로 매매는 하락하지 않을 것이다. 파주 운정 신도시는 김포처럼 전세가가 매매가와 차이가 커 투자금이 많이 드는 단점이 있다.

3. 미분양

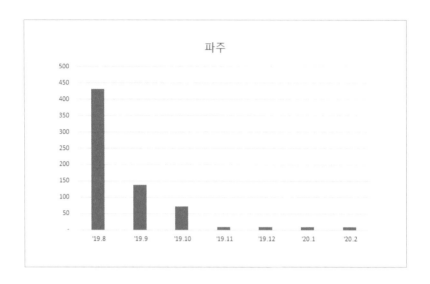

파주는 미분양이 거의 없는 곳으로 공급이 많아도 GTX와 3호선 연장 호재로 미분양이 쌓일 지역은 아니다. 입주가 한꺼번에 몰려 미분양이 일시적으로 늘어날 수는 있지만, 그 규모는 작고 시기는 짧을 것이다.

4. 매매와 수요

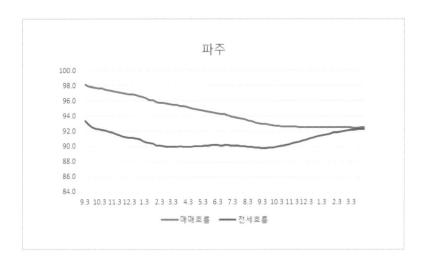

파주

전세가 지속해서 상승해 횡보하는 매매와 맞닿아 있다. 매매가 더는 하락하지 않도록 전세가 방패막이를 해주고 있다. 앞으로 전세가 상승하면 매매도 횡보를 벗어나 상승할 것이다.

파주는 호재가 있지만, 인프라가 아직 채 완성되지 못해 교통이 좋지 못하다. 서울과 접근성은 최악이다. 그러나 경기도 전체 공급이 줄고 교통이 좋아지리란 기대감으로 투자자들의 투자대상 지역 중 하나가 될 것이다. 집값의 방향은 2020년, 2021년 파주시 적정 공급량과 경기도 전체 공급 부족 중 어느 쪽이 우세하냐로 결정될 것이다.

5. 시세 높은 아파트

1 운정신도시 센트럴 푸르지오
1,595만원/3.3㎡

2 힐스테이트 운정
1,574만원/3.3㎡

3 롯데캐슬 파크타운
1,393만원/3.3㎡

4 롯데캐슬 파크타운 II
1,378만원/3.3㎡

5 한빛마을 5단지 캐슬앤칸타빌
1,192만원/3.3㎡

6 해솔마을 7단지 롯데캐슬
1,169만원/3.3㎡

7 가람마을11단지 동문굿모닝힐(...
1,026만원/3.3㎡

8 해솔마을 5단지 삼부르네상스(...
1,019만원/3.3㎡

9 산내마을6단지한라비발디
1,017만원/3.3㎡

10 한라비발디 센트럴파크(981)...
1,017만원/3.3㎡

호재가 있고 입지가 좋으면서 새 아파트들이 높은 시세를 형성하고 있다. 투자금은 많이 든다.

6. 투자자 관심 높은 아파트

1 한빛마을 5단지 캐슬앤칸타빌

2 팜스프링(283-0)

3 운정신도시 센트럴 푸르지오

4 해솔마을 7단지 롯데캐슬

5 교하벽산(200-1)

6 그린시티동문(218-0)

7 해솔마을 5단지 삼부르네상스(.

8 쇠재마을뜨란채주공5단지

9 힐스테이트 운정

10 청석마을동문굿모닝힐(982-0..

입지 좋고 신축인 아파트들은 매매와 전세의 갭이 크게 벌어져 투자금이 많이 든다. 공급이 해소되면서 전세가 반등하면 매매도 바로 튀어 올라 현재의 갭이 크게 줄어들지는 않을 것이다. 매매가는 오르겠지만, 큰 상승 폭을 기대하긴 어려울 것이다.

7. 투자자 많이 사는 아파트(2020년 4월)

1	파주운정화성파크드림
2	후곡마을뜨란채
3	한빛마을5단지캐슬앤칸타빌
4	운정신도시아이파크
5	해솔마을2단지월드메르디앙
6	한빛마을2단지휴먼빌레이크팰리스

8. 구리

1. 큰 흐름

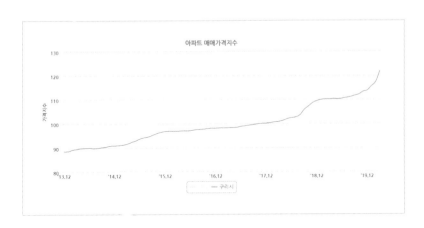

아파트 매매가 흐름은 급상승 중이다. 계속 우상향할 것이다.

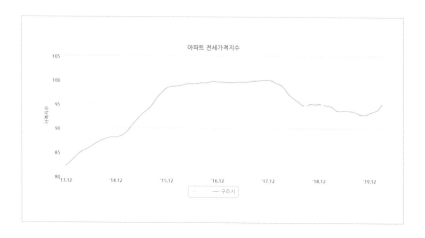

아파트 전세흐름도 하락하다가 바닥을 다지고 상승 중이다. 공급 과잉이 해소되고 있다는 방증이다.

2. 공급과 수요

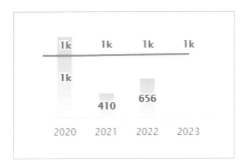

    2020년 공급은 과잉이 아니라 부족으로 읽어야 맞다. 2021~2022년에는 더 부족해진다는 사실을 확인할 수 있다.

3. 매매와 수요

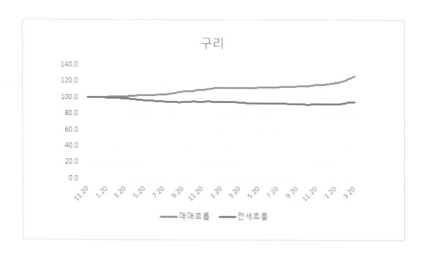

구리

전세는 횡보, 매매는 상승하고 있다. 매매와 전세의 갭은 점점 더 벌어질 것이다. 구리는 서울이라 해도 과언이 아니다. 8호선이 연장되면 강남 접근성이 더 좋아진다. GTX 호재, 재개발·재건축이 활발해 더더욱 상승할 것이다. 그간 매매가가 많이 올라 투자 진입이 부담스럽긴 하다. 2022년 구리 집값은 오를 것이다.

4. 시세 높은 아파트

1 한일
2,290만원/3.3㎡

2 토평신명
2,236만원/3.3㎡

3 토평마을 e편한세상
2,221만원/3.3㎡

4 장자마을금호1-1
2,188만원/3.3㎡

5 금호베스트빌
2,105만원/3.3㎡

6 장자마을금호1-2
2,099만원/3.3㎡

7 성림
2,084만원/3.3㎡

8 갈매역아이파크
2,037만원/3.3㎡

9 인창2차e-편한세상
1,954만원/3.3㎡

10 갈매 더샵 나인힐스
1,951만원/3.3㎡

호재 근처 아파트나 신축급 아파트가 높은 가격대를 유지하고 있다. 대부분 투자금이 많이 든다.

5. 투자자 관심 높은 아파트

1 한라비발디

2 갈매 더샵 나인힐스

3 갈매역아이파크

4 동양주택조합

5 원일가대라곡

6 주공2

7 금호베스트빌

8 삼보

9 인창2차e-편한세상

10 엘지원앙

호재 근처, 역이 생기는 곳 주변 아파트들이 투자자들의 관심을 많이 받고 있다. 역시 투자금이 많이 든다.

6. 투자자 많이 사는 아파트(2020년 4월)

1	한진
2	아름마을인창래미안
3	원일아름
4	갈매스타힐스
5	갈매역아이파크
6	sk신일
7	구리인창금호어울림
8	구리갈매푸르지오

9. 양주

1. 큰 흐름

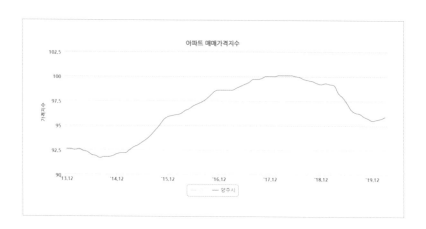

매매가 흐름이 바닥을 다지고 상승세로 돌아섰다. 의정부 부동산 시장이 좋아 그 상승세가 양주까지 퍼지고 있다.

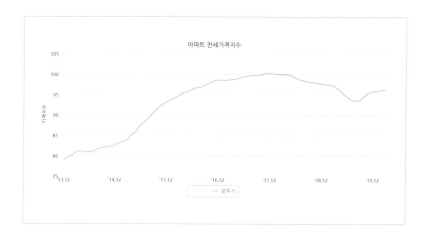

아파트 전세가격지수

전세가 흐름도 공급 해소로 좋아지고 있다. 다만, 앞으로 어떻게
될지 예상하기는 어렵다.

2. 공급과 수요

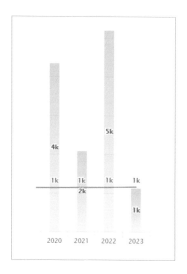

    양주는 신도시로 앞으로 입주가 많다. 전세가가 크게 상승하지 못해 투자금은 많이 든다. 매매는 신축 중심으로 상승하겠지만, 오르는 데 한계가 있다.

3. 미분양

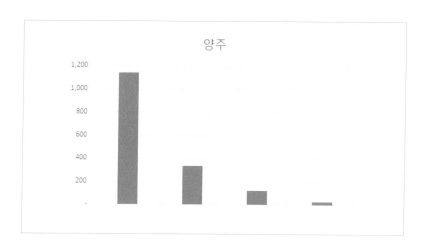

미분양이 급격히 줄었다. 집값 상승 기대감에 투자자나 실수요자가 사고 있다는 증거다.

양주의 집값이 오를지 내릴지 알고 싶으면 의정부를 보면 된다. 의정부가 올라야 양주가 뒤따라 오르고, 반대도 성립한다.

입지가 좋아질 곳의 신축, 분양권에 접근하자. 그 후 신축과 분양권, 구축의 갭이 벌어지면 그때 구축에 주목하면 된다.

2022년 양주 집값은 맑지 않다. 공급이 너무 많이 예정돼 있다. 신축과 호재 주변은 상승 여력이 있겠지만, 그 외 구축 아파트들은 판단에서 보류한다.

4. 시세 높은 아파트

1 e편한세상 양주신도시 2차
1,378만원/3.3㎡

2 옥정 센트럴파크 푸르지오
1,262만원/3.3㎡

3 e편한세상1차
1,148만원/3.3㎡

4 양주서희스타힐스2단지
888만원/3.3㎡

5 양주서희스타힐스1단지
872만원/3.3㎡

6 은빛마을유승한내들
802만원/3.3㎡

7 은빛마을한양수자인
795만원/3.3㎡

8 산내들마을우미린아파트
790만원/3.3㎡

9 산내들마을한양수자인
775만원/3.3㎡

10 해동마을유승한내들
751만원/3.3㎡

7호선이 연장될 근처에 생기는 아파트들이 높은 시세를 형성하고 있다. 투자금은 이편한세상1, 2차가 1억 정도, 34평이 3억9천 정도 든다.

5. 투자자 관심 높은 아파트

1 e편한세상 양주신도시 2차

2 옥정 센트럴파크 푸르지오

3 e편한세상1차

4 해동마을신도브래뉴

5 양주서희스타힐스2단지

6 양주푸르지오

7 청담마을(주공4단지)

8 산내들마을한양수자인

9 양주자이4단지

10 세창리베하우스

자본금 넉넉한 투자자들은 호재와 가까운 신축 아파트, 그렇지 않으면 호재와 조금 떨어져 입지가 좋지 않아도 투자금 적게 드는 아파트에 관심이 있어 보인다. 호재 주변 신축에 투자하는 게 맞다. 무조건 투자금 줄이려고 좋지 않은 입지에 오래된 아파트에 투자하면 고생할 확률이 높다.

6. 투자자 많이 사는 아파트(2020년 4월)

1	e편한세상양주신도시4차
2	동안마을주공3
3	양주자이3
4	양주옥정대방노블랜드
5	하늘빛휴먼시아7
6	양주서희스타힐스2

10. 평택

1. 큰 흐름

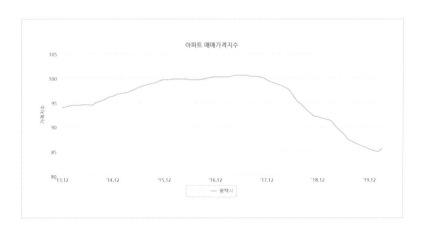

아파트 매매가격지수

공급 폭탄으로 매매가 힘을 쓰지 못하다가 최근 바닥을 다지고 상
승하려는 모습이다. 동탄의 공급과잉이 해소되고 평택 집값도 과거보

다는 공급 감소 추세여서 앞으로 오를 것이다.

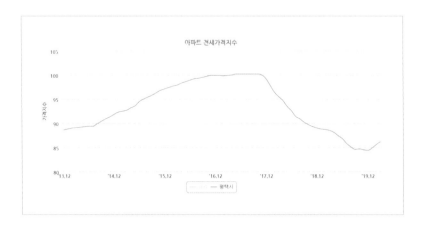

전세가 오르고 있는데 이는 공급이 해소되고 있다는 뜻이다.

2. 공급과 수요

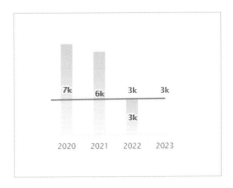

    2020년과 2021년에 공급과잉으로 나타나지만, 2019년이 역대 최고였다. 공급은 2020년부터는 전년보다 크게 줄어들고 경기도 전체에 나올 물량이 부족해지므로 전세와 매매는 상승할 것이다.

3. 미분양

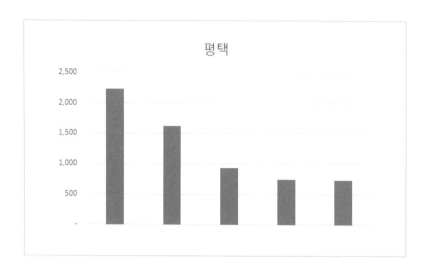

미분양은 계속 감소 추세다. 단점이라면 전세가가 낮아 투자금이 많이 들어간다는 데 있다.

4. 매매와 전세

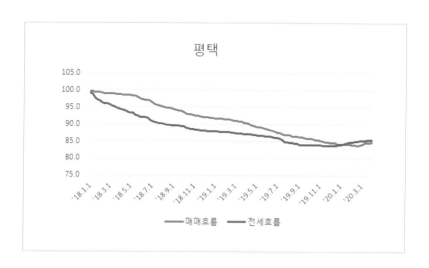

전세와 매매가 바닥을 다지고 상승을 준비하고 있다. 평택은 자체적으로도 공급이 많았고, 더불어 동탄에 엄청난 물량이 쏟아져 그간 힘을 쓰지 못했다. 그러나 동탄도 공급 감소 추세로 상승할 것이다. 평택은 동탄과 함께 간다. 동탄은 공급 감소 추세여서 평택 집값은 오를 것이다. 단, 전세가가 낮아 투자금이 많이 든다. 여윳돈이 많다면 모를까, 만약 전 재산이 2억인데, 이를 평택에 투자할 계획이라면 고민해봐야 한다. 2억이면 서울이 나을 수 있다.

분양권은 투자자가 주목하여 오를 것이다.

5. 시세 높은 아파트

1 주공외인

1,188만원/3.3㎡

2 신영평택비전지웰푸르지오

1,066만원/3.3㎡

3 평택비전에듀포레푸르지오

1,061만원/3.3㎡

4 평택비전센트럴 푸르지오

1,061만원/3.3㎡

5 소사벌더샵마스터뷰

1,049만원/3.3㎡

6 평택센트럴자이 3단지

1,037만원/3.3㎡

7 우미린센트럴파크

1,034만원/3.3㎡

8 비전아이파크평택

1,001만원/3.3㎡

9 평택센트럴자이 5단지

995만원/3.3㎡

10 평택센트럴자이 4단지

992만원/3.3㎡

6. 투자자 관심 높은 아파트

1 평택서정동롯데케슬

2 서재자이

3 힐스테이트 2차(세교지구 2-..

4 평택소사벌 반도유보라 ...

5 소사벌더샵마스터뷰

6 푸르지오1차

7 힐스테이트 평택

8 용이반도유보라

9 비전 경남아너스빌

10 평택the#

평택은 전세가가 아직도 낮게 형성돼 있지만, 상승 기대감에 매매가는 올라 그 갭이 큰 단점이다. 평택은 분양권과 신축 위주로 접근하면 된다.

분양권과 신축의 매매가가 상승해 주변 구축과 갭을 크게 벌리는 때가 오면, 그 무렵 구축에 관심을 두는 순서로 투자 방향을 잡으면 된다.

7. 투자자 많이 사는 아파트(2020년 4월)

1	지제역더샵센트럴시티
2	평택뉴비전엘크루
3	평택소사벌푸르지오
4	고덕하늘채시그니처
5	평택센트럴자이3
6	신안인스빌시그니처

4

경기도
리모델링

경기도에 리모델링 바람이 분다

리모델링과 재건축 비교		
구분	리모델링	재건축
연한	준공 15년 이후	준공 30년 이후
용적률	제한 없음	법적 상한 용적률 이내(최대 300%)
안전진단 등급	B등급(수직증축), C등급(수평증축)	D, E등급
임대주택 건립	없음	증가 용적률의 50%
초과이익 환수	없음	3000만원 초과시 10~15% 국가 환수

리모델링과 재건축의 차이를 나타낸 표다. 재건축은 규제가 많지만, 리모델링은 상대적으로 거의 없다. 게다가 재건축은 30년은 돼야

할 수 있지만, 리모델링은 15년만 지나도 가능하다.

만약 15층 이상 아파트라면 리모델링으로 세 개 층, 14층 아파트라면 두 개 층을 더 올릴 수 있다. 15층의 아파트가 층을 더 높게 올려 일반물량을 만들 수 있으므로 수익이 더 난다고 생각하면 된다.

또 리모델링은 재건축과 달리 임대주택을 만들 필요가 없고, 세금도 많지 않다. 서울과 수도권 구도심에는 낡은 주택들이 많다. 1기 신도시 아파트들이 대부분 오래돼 새로 지어야 하는데, 재건축은 집값을 들썩이게 한다고 정부에서 틀어막고 있다. 재건축 대안으로 리모델링에 귀추가 주목되는 이유다.

큰돈과 규제 탓에 재건축·재개발이 어려워지면 새 아파트가 될 방법은 리모델링밖에 없다. 투자가 몰릴 환경이다.

리모델링이나 재건축을 노리고 투자할 때 유의점이 있다. 새 아파트로 변신할 기대감이 있는 노후 아파트는 값이 오르는 폭이 크지만, 코로나19 같은 돌발변수가 발생하면 하락 폭도 크다는 사실이다.

자신의 투자 스타일이 어떤지 먼저 점검해보길 바란다. 리모델링이나 재건축 이슈가 나올 법한 아파트 투자가 모두에게 맞지는 않는다. 만일 어느 정도 위험을 감수하고 일시적 등락에 둔감하면서 큰 수익을 원한다면 재건축, 리모델링에 투자해도 괜찮다. 그러나 일시적 등락에 가슴 졸이고 밤잠 설치며 전전긍긍하는 타입이라면 절대 금물이다. 연식이 오래되지 않은 아파트에 갭 투자가 안성맞춤이다. 이런 아파트는 전세가 지지선 역할을 해서 돌발변수가 생기더라도 큰 등락이 없다. 다만 상승장일 때도 상승 폭은 개발성 투자보다 작다.

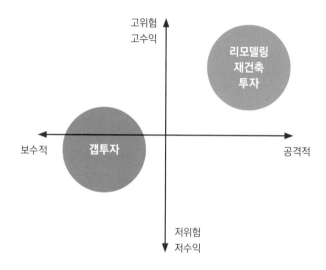

신축 집값이 많이 오르는 건 누구나 안다. 그러나 청약 당첨은 하늘의 별 따기요 조합원 입주권은 더 비싸다. 비싼 프리미엄에 분양권을 살 엄두도 내지 못한다.

새 아파트가 부족하고 신축 공급도 없을 때 주목하는 것이 지어진 지 얼마 되지 않은 아파트다. 투자는 2년, 5년, 10년 차 아파트순으로 이뤄진다. 그런데 이마저도 집값이 많이 올라 투자금이 많이 들면 오래된 아파트라도 진입한다.

수원 매교역의 경우 30평대 재개발이 프리미엄 합쳐 9억을 호가하니 오래된 아파트지만 입지와 학군이 좋은 영통역 주변 40~50평대 아파트들이 매물이 사라지고, 며칠 새 몇억까지 올랐다.

신축 30평이 9억인데 50평대가 5~6억에 형성돼 있으면 사람들은 싸다고 느껴 매수에 뛰어든다.

낡은 아파트 중대형까지 가격이 올랐다면 그다음엔 어디로 갈까? 앞으로 재건축이나 리모델링으로 새 아파트가 될 곳에 몰린다.

투자 전략은 간단하다. 이미 재건축이나 리모델링 이슈가 등장한 아파트 단지들 말고, 앞으로 이런 이야기가 나올 만한 아파트에 먼저 투자해 둔다. 재건축이나 리모델링 말만 나와도 투자자들은 몰려들 것이다. 이때 서로 산다고 아우성치는 투자자들에게 매도하고 나오면 끝.

재건축, 리모델링 이슈가 나올 아파트는 어떻게 찾으면 될까? 힌트는 통계 지표에 있다. 부동산시장이 반복되진 않지만, 흐름은 비슷하니 공포에 팔고, 탐욕에 사는 군중심리에 기인한다.

지금 리모델링이 진행되는 아파트나 막 추진하는 아파트를 유심히 살펴보자. 이미 진행되는 리모델링 아파트와 비슷한 성격을 가진 곳은 언젠가 추진한다는 이야기가 나올 게 뻔하기 때문이다.

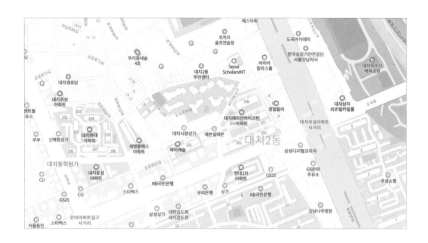

리모델링으로 성공한 아파트 대치동에 있는 아파트(래미안하이스턴 대치동)다.

리모델링 뒤 집값이 약 2배 이상 수직으로 상승했다. 리모델링이 재건축 오름세보다는 못하지만, 재건축·재개발이 막혀 새 아파트가 부족하고 희소할 때 리모델링 아파트도 얼마든지 오를 수 있다는 전형적인 예라고 할 수 있다.

경기도 부동산시장은
리모델링이 끌고 간다

경기도 내 리모델링 추진 주요단지

	수직증축	수평증축	수직-수평증축 선회 추진·검토	미정
분당	느티3·4, 매화1		한솔5, 무지개4	매화2, 경남
평촌			목련2·3	
수지		초입마을, 보원, 신정8		신정9
광명		철산한신		
일산				장성2
산본	세종			율곡, 우륵, 설악
중동				반달건영, 반달동아, 반달선경, 상동 한아름

부동산 투자로 돈을 벌 기회가 리모델링서 보인다.

많은 1기 신도시 아파트가 지은 지 30년 차가 된다. 가뜩이나 재건축, 재개발이 집값 상승의 도화선이 돼 규제 중인데, 이 아파트들을 한 꺼번에 재건축한다면 집값이 요동쳐 정부로서는 곤란할 것이다.

이런 분위기를 반영할 걸까. 경기도에서 최근 재건축보다는 리모델 링 하라는 분위기가 감돈다. '경기도 공동주택 리모델링 활성화 및 지 원에 관한 조례'를 입법 예고한 것이 대표적 예다.

낡은 아파트를 리모델링 하도록 리모델링 조합설립과 안전진단, 사 업 활성화에 필요한 비용을 지원하겠다는 내용이 핵심이다. 한편으로 공공지원 리모델링 시범사업 추진 여부, 내력벽 철거를 허용해 '수직증 축' 할 수 있을지도 곧 가닥이 잡힌다.

아직 내력벽 철거를 허용할지 말지 국토부에서 결론을 내지 않고 있다. 이는 실제 위험성과는 별 관계가 없다. 리모델링 수직증축 허용 은 재건축, 재개발로 인한 집값 상승에 기름을 부으리라 판단한 규제에 불과하다.

낡은 아파트들이 점차 많아지면서 슬럼화 현상을 막아야 하기에 재건축·재개발 대안으로 리모델링을 적극적으로 지원하려는 모양새다.

실험이 끝난 뒤 만약 법이 내력벽 철거 허용으로 바뀌면 수직증축 이 가능해져 일반물량을 더 지을 수 있게 된다. 그럼 조합원 분담금이 줄며 리모델링 사업이 더욱더 활성화할 것이다.

최고 수혜 지역은 당연히 경기도 1기 신도시다. 산본신도시의 우륵주공7단지가 리모델링 정비업체를 선정해 가격이 꽤 많이 오르고, 부천 중동의 한아름 라이프 현대아파트도 리모델링 추진위원회를 꾸려 가격 상승 혜택을 톡톡히 봤다. 리모델링을 진행한다는 말만 나와도 집값은 들썩인다.

조심스레 전망해보자. 많은 1기 신도시 아파트를 방치할 수는 없기에 수직증축 허용은 가능해질 것이다. 만에 하나 국토부가 허가해주지 않더라도 앞으로 리모델링 할 수 있는 아파트들은 투자자의 주목을 받으며 돈이 몰릴 수밖에 없다.

투자자는 비슷한 성격과 속성을 가진 투자 상품 중 투자금이 적은 곳을 찾아가게 돼 있다. 산본과 분당은 이미 비싸졌으니 부천 중동과 일산으로 눈길을 돌려보자.

다음은 리모델링이 진행되고 있는 아파트 목록이다.

수원 리모델링 추진 주요 아파트단지

구	단지	준공일	가구 수
영통구	삼성·태영	1997년 12월	832
	청명마을주공4	1997년 12월	946
	신나무실주공5	1997년 12월	1.504
	신성·신안·쌍용·진흥	1997년 12월	1.616
	두산·우성·한신	1997년 12월	1.842
	벽산·풍림	1997년 12월	928
권선구	권선삼천리2차	1996년 2월	546
	권선현대	1996년 4월	809
	신안풍림	1996년 5월	552

※ 자료=정비업계 종합

권선삼천리2차 흐름을 보자

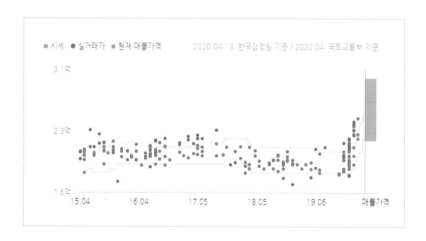

실거래가는 점차 높아지고, 매물가격도 시세보다 높게 나오고 있다. 이 아파트의 특징은 25평 단일평형이라는 것.

리모델링이든 재건축이든 추진할 때 이해집단이 여럿이면 잡음이 많아진다. 사공이 많으면 배가 산으로 간다는 말처럼 한 아파트에 여러 평형대가 있으면 협조가 잘되지 않아 추진이 어렵다. 그러나 이 아파트는 25평 단일평형으로 순조롭게 추진될 수 있다.

투자금은 약 6천만 원 들고, 이미 리모델링 이야기가 나오니 투자자들이 진입해 약간 상승했다.

이 아파트는 실제 리모델링이 되려면 한 가지 조건을 충족해야 한다. 현재 1천만 원 밑인 평당가격이 1,400만 원 이상 돼야 한다는 것. 그래야 사업성이 나와 진행할 확률이 높다.

지역마다 차이가 있지만, 재건축 사업성 불발로 리모델링 이슈가 등장할 아파트 평당가격은 보통 1,400만 원 정도는 충족돼야 한다. 재건축과 리모델링은 모두 사업이다. 원가보다 높은 가격에 팔아 수익이 나와야 사업이 된다.

벽적골 주공9단지 아파트를 한번 보자.

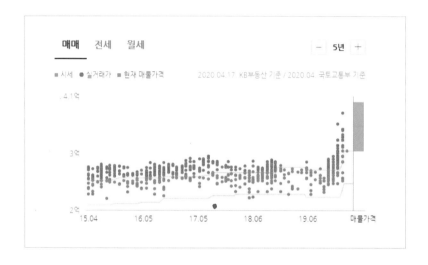

이 아파트도 수원 집값 상승에 힘입은 데다가 리모델링 이슈가 나와 매매가가 덩달아 상승하고 있다. 평당가격은 약 1,230만 원이고, 투자금은 9천여만 원 든다.

20평	공급 68㎡	**매매**	2억 3,500
42세대	전용 50㎡	**전세**	1억 2,000
21평	공급 71㎡	**매매**	2억 3,500
38세대	전용 50㎡	**전세**	1억 9,500
23평	공급 76㎡	**매매**	2억 6,620
119세대	전용 49㎡	**전세**	1억 9,000
24평	공급 79~82㎡		
180세대	전용 59㎡		
25평	공급 84~85㎡	**매매**	3억 1,617
976세대	전용 59㎡	**전세**	2억 3,000

20~40평형대가 아니라 그나마 전부 20평형대로 구성돼 있어, 단합이나 협조가 잘 되리라 본다.

풍덕천동의 신정마을 성지 아파트도 살펴보자.

33평	공급 109㎡		
7세대	전용 85㎡		
38평	공급 125㎡	매매	6억 7,500
371세대	전용 99㎡	전세	4억 2,500
53평	공급 175㎡	매매	6억 7,000
80세대	전용 144㎡	전세	4억 2,000
60평	공급 200㎡	매매	8억 1,000
80세대	전용 165㎡	전세	5억 5,000

평형대가 다양하다. 리모델링 진행이 순조롭지 않으리라 보면 틀리지 않는다.

풍덕천동 신정마을주공1단지다.

25평	공급 84㎡	매매	6억 3,343
1,044세대	전용 59㎡	전세	3억

25평 단일평형이고, 평당가격이 2,500만 원이다. 투자금은 3억 이상 든다.

1,044세대   2000년 4월(21년차)
용적률 214% 건폐율 17%

현재 용적률이 높아 리모델링 가능성이 크지만, 평당가격이 지금보다 더 높아지면 재건축으로 방향을 선회할 수도 있다.

인계동 신반포 수원 아파트를 보자.

17평	공급 59㎡	**매매**	1억 9,800
423세대	전용 42㎡	**전세**	7,500
20평	공급 69㎡	**매매**	1억 8,000
84세대	전용 42㎡	**전세**	9,000
21평	공급 71~72㎡	**매매**	2억 6,375
371세대	전용 42~53㎡	**전세**	1억 4,000
22평	공급 73㎡	**매매**	2억 8,850
90세대	전용 55㎡	**전세**	9,000
26평	공급 89㎡	**매매**	3억 3,000
120세대	전용 60~61㎡	**전세**	1억 2,500
36평	공급 119㎡	**매매**	4억 700
96세대	전용 83㎡	**전세**	1억 5,000

평형이 여러 개로 구성돼 있고, 평당가격도 약 1,100만 원 이하다. 투자금은 1억2천 정도 드는데, 이 아파트는 리모델링이 어려울 것이다.

단, 리모델링 이슈가 생기면 집값이 더 크게 오르는 효과가 있을 뿐이지, 리모델링 되지 않는다고 집값이 내려가거나 오르지 않는 것은 아니니 오해 없길 바란다.

리모델링 투자공식

1. 단일평형

이해관계가 단순해야 잡음이 없어 사업 추진이 쉬운데 관건은 해당 주택의 평형대다. 가령 한 아파트에 10~40평대까지 다양하게 구성돼 있으면 작은 평형 소유자는 부담금을 더 내야 하는데도 그러고 싶어 하지 않는 게 보통이다. 큰 평형 소유자와 갈등이 생기고 이해관계가 충돌해 사업 진행이 지연되거나 어려워질 수 있다.

만일 20평대나 30평대 등 단일하게 구성된 아파트라면 모두가 공평하므로 협동뿐만 아니라 사업 진행도 잘된다. 실제 진행되는지보다 리노델닝 소문이 중요하므로 단일평형 여부는 사업에서 무척 중요한 요인이 된다.

2. 평균 평당가격 1,400만 원 이상(경기도 기준)

지역마다 물론 차이가 있겠지만, 리모델링 사업성이 나오는 가격수준은 평당 1,400만 원 이상이어야 한다. 평당가격이 너무 낮으면 리모델링이 진행되지 않는다. 원가가 50원인 빵을 50원에 팔면 빵 만들 이유가 없다.

평당가격은 '호갱노노'로 확인하면 된다.

호갱노노 사이트에 들어가서 왼쪽 빨간 동그라미 친 부분을 클릭

하면, 평당가격을 선택해서 볼 수 있다.

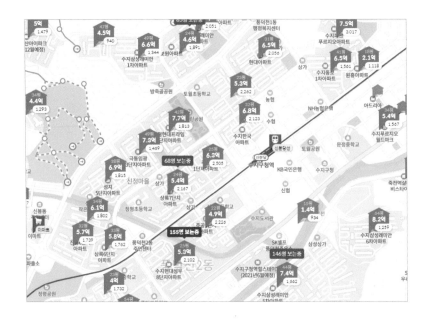

아파트 가격 아래 흰색 바탕의 숫자가 한 평 가격이다. 여기서 평

당가격을 확인하면 된다.

3. 20~30년 차 아파트

15년 이상부터 리모델링이 가능하지만, 보통 20년 차 이상은 돼야 이야기가 흘러나온다. 그리고 아파트 거주자들이 만족도는 낮고 불만이 커야 한다. 사는 데 불편하지 않으면 리모델링 할 생각은 하지 않는다.

4. 실거주 가치

강남 근처나 일자리가 많은 지역과 접근성이 좋아야 한다.

5. 용적률 200% 이상

현재 용적률 200% 이상 적용된 아파트는 올릴 층수가 부족하므로 재건축은 불가하고, 리모델링이 대안이 된다. 200% 미만이면 웬만해선 재건축을 추진하려 하고, 200% 이상이면 리모델링으로 돌려 진행하는 게 보통이다.

6. 좋은 입지

낡고 단일평형으로 구성됐다손 치더라도 입지가 나쁘면 리모델링은 언급조차 되지 않는다.

7. 일정 수준 이상 도시 전체 시세

일산을 예로 들면, 아직은 리모델링 이슈가 나오지 못한다. 전체적인 시세가 낮기 때문이다. 도시 전체로 평당가격이 평균 1천만 원대로 형성돼 있어야 한다. 수원이나 용인처럼 평당가격이 최소 1,300만 원 이상은 돼야 한다.

8. 기존 1기 신도시 중 중층이거나 현재 용적률이 높은 지역

1기 신도시 중 분당 빼고는 집값이 많이 오르지 않아 고전하는데, 앞으로 이곳들 시세가 올라 사업성이 나오는 평당가에 도달하면 리모델링 이슈가 등장해 투자자들이 몰리고 가격이 높아질 것이다.

9. 지하주차장이 없거나 주차장 부족

1가구당 1주차 이상이 가능하도록 지어진 아파트는 거주민들이 불편하지 않다. 이중주차 삼중주차로 불편함을 호소하고 지하주차장이 없는 곳들이 리모델링 이야기가 나오기 쉽다. 지하주차장이 있고, 사는 데 전혀 불편함이 없다면 리모델링은 어렵다.

리모델링 예상 지역

리모델링 이슈가 계속해서 나올 만한 지역은 일산, 부천, 안산이다
(리모델링 이야기가 돌거나 시작된 산본, 용인 등은 제외한다.). 용적률 탓에 15층 이상
중층 이상인 아파트들이란 점이 특징이다.

위 지도에 있는 일산 아파트들이 재건축보다는 리모델링 이슈가
부각할 것이다. 아파트만 낡았지, 입지와 학군 모두 좋은 데다가 인프라
도 충분히 갖춰졌다.

일산의 다른 지역을 보자. 이곳도 마찬가지로 리모델링 이야기가
나올 후보지 중 하나다.

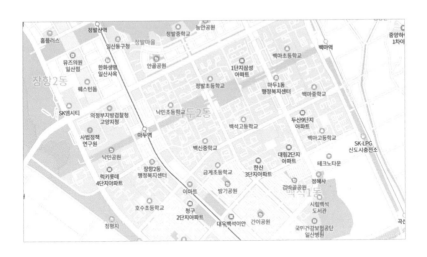

아래 지도는 1기 신도시 중 한 곳인 부천이다. 평당가격이 낮아 재건축은 어렵다. 살기에 좋아 리모델링 이야기가 나올 것이다.

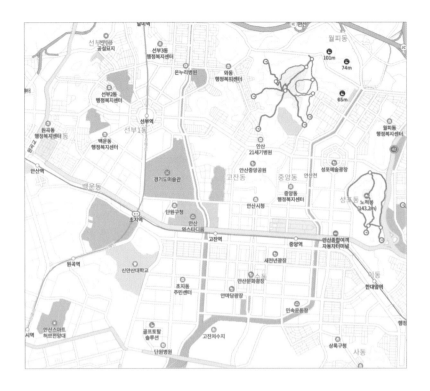

　안산이다. 초지역, 중앙역 부근에 오래된 아파트들이 많은데, 사업성 탓에 재건축보다는 리모델링 이슈가 나올 것이다. 미리 투자해 뒀다가 리모델링 이슈가 돌 때 매수세가 강해지면 매도하고 나오면 된다.

　리모델링 이슈를 노리는 투자는 부동산 사이클상 상승장일 때가 석기이고, 사이클이 끝나기 선에는 무소선 매노해야 한다. 하락상 때는 가격이 쭉쭉 내려간다.

상승장 때 리모델링 투자는 일반 아파트 갭 투자보다 상승 폭이 크며, 변동성이 크다 보니 공격적인 투자 스타일에 걸맞다.

재건축이 될 특별한 지역

경기도에는 노후주택들이 정말 많다. 특히 분당, 일산, 산본, 중동 같은 1기 신도시가 대부분 경기도에 집중돼 있다.

이들 신도시 아파트는 거의 1991년부터 1993년까지 지어졌다. 2021년이 되면 1기 신도시 아파트는 대부분 재건축 연한인 30년이 충족된다.

만약 부동산시장이 하락세라면 아무리 30년 재건축 연한이 됐거나 지났어도 재건축 열의는 뚝 떨어진다. 비싸게 분양할 수 없고 미분양 날 확률도 높기 때문이다.

미분양이 나면 그 책임은 오롯이 조합원들이 분담해야 한다. 분양가는 하락장세에 계속 떨어질 수밖에 없어서, 재건축으로 수익은커녕 손해 보겠다는 생각이 팽배해지고, 조합원과 건설사는 사업 추진할 동력을 잃어버린다.

부동산시장이 상승세라면 상황은 180도 달라진다. 재건축 추진 소문만 나와도 전국에서 투자자들이 몰려온다. 높은 일반분양가에 완판되리라는 기대감이 충족돼 조합원의 열의는 충만해진다. 계속 집값이 오르면 조합원들도 단합해 사업은 척척 순항한다.

분당과 산본은 이미 재건축 환경이 조성됐다. 그간 갭 투자로 시세가 올랐고, 평당가격이 대부분 1,400만 원 이상 형성돼 있다. 산본은 1,400, 분당은 2,000이 넘는다. 재건축 사업성이 나오는 가격대다.

산본은 재건축보다 리모델링이 많이 진행될 것이다. 대부분 기존 용적률이 높아 나올 일반분양물량이 없는 탓이다. 실제 산본엔 리모델링 이슈가 돌고 있으며 투자자들이 많이 진입해 가격을 올리고 있다. 분당은 재건축 사업성이 나와 아파트 대부분 재건축으로 진행할 것이다.

일산과 부천은 앞에서 다뤘고, 나머지 경기도 지역들은 실제 재건축 진행 여부보다 '한다'라는 이야기 정도만 나오면 충분하다.

재건축은 저층이면서 대지지분 많고 새로 적용될 용적률이 높게 예상되는 27~29년 차 아파트가 대상이다.

어떻게 투자하면 좋을까? 재건축은 완료하려면 적어도 10년 이상

걸린다. 10년 동안 장기투자는 예상했겠지만 답이 아니다. 갭 투자를 떠올려보자. 미리 투자해 두고 수익 나면 매도하고 나오면 된다.

　　부동산시장 상승기 후반부로 갈수록 사람들은 투자금이 적게 드는 정비사업 초기 시점을 찾게 돼 있다.

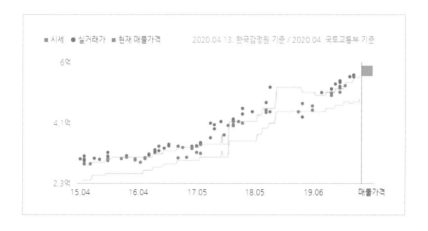

　　분당 정자동의 청구 아파트다. 이 아파트는 재건축 사업성이 좋은 곳으로 대지지분도 큰 편이다.

세대수	858세대(총14개동)	저/최고층	14층/25층
준공년월	1994년 04월	세대당주차대수	1대
용적률	155%	건폐율	11%

용적률은 155%, 건폐율은 11%이고 동과 동 사이 거리가 넓고 탁 트였다. 3종일반주거지역으로 적용될 새 용적률이 높을 것이다.

실거래가는 시세보다 높게 거래되며 매물가격 또한 그렇다. 집주인들의 집값 상승 기대감이 크다.

이 아파트는 앞으로 더 오르겠지만, 분당은 투자금이 많이 든다. 아파트가 낡아서 전세가는 제자리지만, 재건축 기대감으로 매매가격이 상승해서 매매와 전세의 갭이 크게 벌어졌다.

재건축 투자공식

1. 대지지분

전용면적 대비 대지가 크면 대지지분이 크다고 한다. 예로, 전용면적 10평에 대지 5평짜리와 전용면적 7평에 대지 5평인 경우 후자가 대지지분이 크다. 재건축은 땅으로 하는 사업이므로 투자대상 아파트 호수의 대지지분이 크면 클수록 좋다.

2. 용적률

기존 용적률이 낮으면 낮을수록 좋다. 만약 기존 용적률이 150%

인데 앞으로 100%를 더 받아 250%가 되면 모두 일반분양물량으로 분양할 수 있다는 의미다. 재건축은 일반분양분에서 수익이 발생한다. 다다익선이다.

기존 용적률이 낮아도 땅 용도를 따져봐야 한다. 만약 용적률이 현재 120%인데 해당 아파트가 1종일반주거지역이면 최대 상한 용적률이 150%다. 재건축으로 30%밖에 더 높일 수 없으니 일반물량은 거의 없는 셈이다. 낮은 용적률, 땅이 몇 종인지 체크하자.

3. 시세

대지지분, 용적률, 시세 중 시세(=평당가격)가 가장 중요하다. 평당가격이 높게 형성돼 있으면 재건축 확률이 높다. 서울의 경우 평균적으로 평당 1,200만 원 이상이면 재건축 이야기가 나오는 경향이 있다. 그런데 서울 아파트는 대부분 이미 평당 2,000만 원에 육박했다.

경기도의 경우 대지지분 크고 현재 용적률이 낮아 사업성 좋은 아파트는 지역마다 차이는 있겠으나 평균 평당가 1,200만 원이면 재건축 이슈가 나올 수 있다.

재건축도 실제 진행보다는 이슈 등장이 중요하다. 재건축 소문이 돌면 로또복권 당첨과 같고, 그렇지 않으면 실망감에 가격이 크게 떨어질 수 있다. 고수익 고위험 성향에 알맞다.

재건축이라고 장기로 묻어둘 생각일랑 말고, 갭 투자처럼 사놓고 가격이 오를 때 팔고 나오면 전략을 고려하자.

재건축 예상 지역

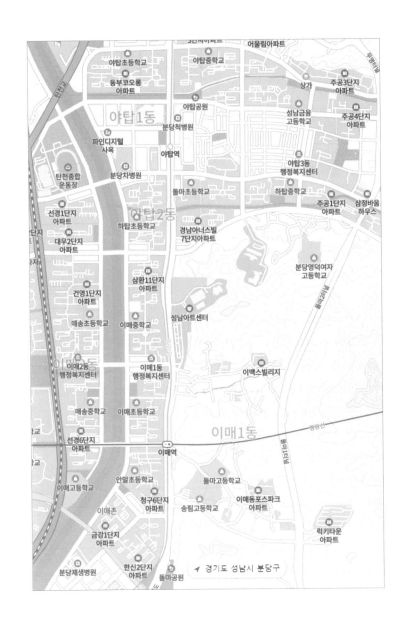

분당이다. 지도에 나온 대부분 분당 아파트는 재건축 사업성을 갖췄다. 평당가격이 높고, 일반분양물량 가격이 높게 책정돼 기존 용적률이 높아도 크게 상관없다.

분당 아파트값은 투자자들이 미리 진입해 크게 올랐다. 그래도 분당에 투자하고 싶다면 소형평형 지양, 중형 이상으로 매수하길 바란다. 중형, 중대형, 대형일수록 재건축 추진 시 대지지분이 커서 유리하다.

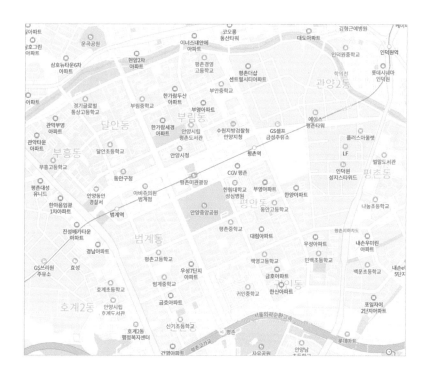

위 지역은 평촌이다. 여태 재건축이 불가능하다고 했었다. 기존 용적률이 낮지 않았던 탓이다. 그러나 평당가격이 상승해 재건축 사업성이 나오는 가격대에 진입했다. 집값은 더 오를 것이며, 재건축이 아니더라도 최소한 리모델링 이야기는 나올 것이다.

광명시 하안동 아파트도 재건축 이야기가 나올 확률이 높다.

6

금액별
투자 아파트

※ 내용을 확인하는 시점에 이미 가격이 오른 아파트가 있을 수 있다는 점을 참고하기 바란다.

법인 규제가 강해지면서 중개소에 법인들이 내놓는 물건이 많아지고 가격이 조정된다면 이를 매수 기회로 삼아 볼 것. 수도권 부동산시장은 상승하면 무조건 규제할 테니 이 점을 명심하고 투자해야 마음이 편하다.

1. 투자금 약 7,000만 원 이하
_안산 호수마을풍림

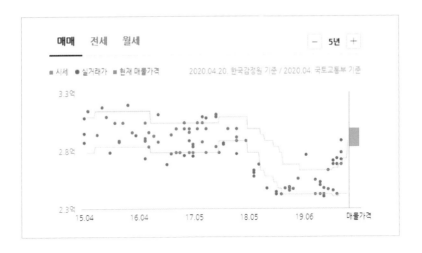

28평형 매매가 표다. 실거래가가 점차 상승하며 시세보다 높아지고 있다. 중개소 매물가격도 시세보다 높게 형성돼 있다. 집주인들이 오르리라 예상해 호가가 높다.

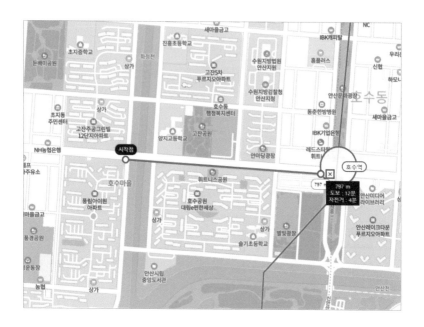

　풍림아이원 아파트는 앞으로 생길 신안산선 호수역과 도보 12분,
약 800m 떨어져 있다. 신안산선은 획기적인 교통 호재로 여의도와 연결
된다. 지하철역이 생기는 주변은 집값이 오를 수밖에 없다.

　2020년 4월, 이 아파트에 투자하는 데 4천여만 원 든다. 전세가율
은 86%이며 그간 입주 과잉으로 눌려있었는데, 공급이 해소되고 호재
가 더 부각하면 매매가가 상승할 것이다.

　이 아파트는 전세가 상승하면 매매를 밀어 올리고, 전세가 하락하면 매매도 뒤따라 하락하는 모습을 보인다. 이 아파트 가격이 오를지 내릴지는 전세가에 달려 있다고 할 수 있다. 다행히 앞으로 공급이 해소되면서 전세가는 상승하고, 매매가를 밀어 올릴 것이다.

2. 투자금 약 8,000만 원 이하
_안산 벽산블루밍

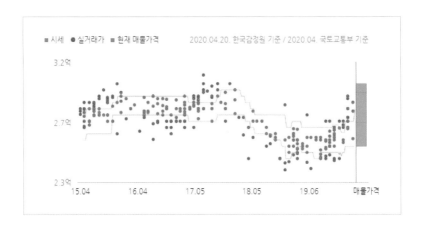

32평형 매매가 표다. 실거래가가 시세보다 높이 형성돼 거래되고 있으며, 매물가격도 마찬가지다. 상승 기대감이 높다.

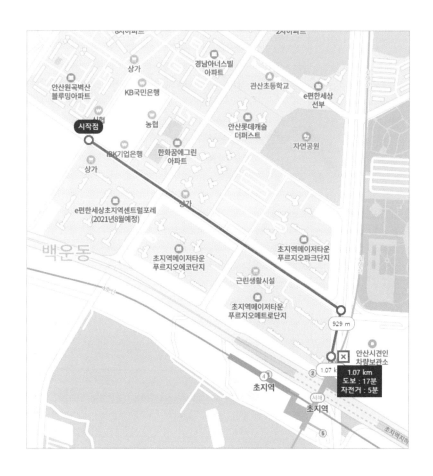

초지역에 교통 호재가 많고 역도 많이 생긴다. 초지역과 거리는
1,000m 정도 돼 걸어가기엔 멀지만, 주변에 버스 정류장이 많아 초지
역까지 접근성은 좋다.

초지역 근처 메이저타운 아파트 가격이 높고, 지금보다 더 상승할

거라서, 주변 벽산블루밍아파트도 뒤따라 갭을 메우며 오를 것이다.

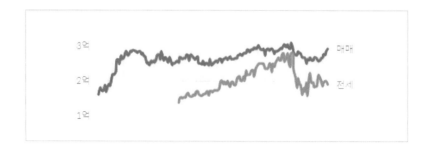

이 아파트도 전세가의 힘으로 매매가가 올라가는데, 공급이 해소되며 전세가는 상승할 것이다.

3. 투자금 약 5,000만 원 이하 –남양주 호평동원로얄듀크

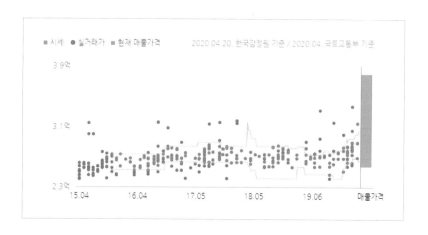

실거래가가 시세보다 높게 형성돼 거래되고, 매물가격도 시세보다
높다. 남양주시는 비규제 지역이기도 하고 신도시 빼고는 크게 오르지

못해서 주목받을 곳이 많다.

평내 호평역은 GTX가 지나가지만, 완공까지 멀어 이번 부동산 사이클 상승장까지 기대하지 않는 편이 좋다. 그러나 호재 덕에 상승장 동안 계속 집값에 긍정적인 영향은 미칠 것이다.

이 아파트는 역까지 도보로 11분, 730m 정도에 있고, 평지다. 주변에 초·중·고, 상가 모두 갖춰져 입지가 좋다. 호평중학교가 좋은 학군에 속한다.

전세가율은 약 87%이며, 5,000만 원 미만으로 투자할 수 있다.

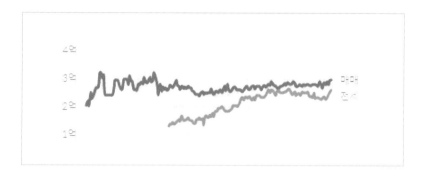

전세는 지속해서 상승 중이며, 전세가 매매를 밀어 올릴 아파트다.

호평동 쪽은 호평역 아래 새로 입주하는 아파트가 꽤 많아 전세를
빼거나 맞추는 데 주의를 기울여야 한다.

4. 투자금 5,000만 원 이하 _남양주 호평 금강

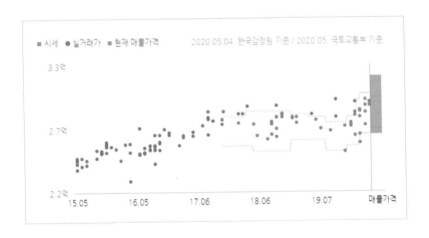

■ 시세 ● 실거래가 ■ 현재 매물가격   2020.05.04 한국감정원 기준 / 2020.05 국토교통부 기준

28평형 매매가 표다. 실거래가가 점차 수위를 높이며 오르고 있다. 시세와 실거래가보다 높게 나온 매물도 많다.

　　금강아파트는 평내호평역까지 평지 기준 400m 안쪽으로 초역세
권이다. 상대적으로 호평역 2번 출구 쪽 아파트들은 역까지 접근성이
멀고 좋지 않으나, 1번 출구 쪽 아파트들은 뛰어난 접근성을 자랑한다.

　　매매가가 점차 수위를 높이며 상승하고 있다. 호재 근처고 인프라

를 잘 갖춰 살기 좋은 아파트인 데다가 투자금이 적게 들어 투자자들이 계속 유입될 것이다.

다음은 기타 경기도 시별 투자 후보지다.

의정부	송산○○1차(용현동)
	현대아이○○(금오동)
	상록아이○○(신곡동)

파주	금촌 ○○마을4
	새꽃마을○○1단지
	서원○○7단지
	야당동 한빛○○8단지

고양	행신동 ○○뷰1차/3차

하남	하남자○

남양주	효성○○가약(호평동)

안산	초지동 고잔○○빌11/12단지

오산	원동대림이편한○○1/2단지

《인천 부동산이 기회다》처럼 이번 '경기도' 부동산 투자지도도 통계와 노하우를 결합한 실전 해설서다.

수도권 부동산은 한 몸뚱이로 움직이며 시차를 둔다는 점이 특징이다. 서울, 경기도, 인천 순으로 오른다. 한창 서울, 실거주 가치가 높고 입지 좋은 경기도, 입지 좋은 인천으로 불길이 옮겨붙고 있다.

이제 입지가 조금 떨어지고 접근성이 좋지 않거나 그간 공급과잉으로 상승하지 못한 나머지 경기도 지역이 주목받을 때가 왔다. 상승세는 이곳까지 퍼질 것이다. 단, 입지 좋고 강남과 접근성이 좋은 지역만큼 오르기는 어렵다는 점을 염두에 둬야 한다.

교통이 불편해 살기 꺼리는 지역까지 집값이 오를 수 있는데, 투자자로서는 이런 곳을 가장 경계해야 한다. 투자자만 진입해서 그들끼리 서로 주고받으면 최후에 물려서 손해 보거나 매도하지 못하는 초보자가 반드시 생기게 마련이다. 리모델링이나 재건축을 노리는 게 아니라면 오래되고 낡은 아파트와 소형평수는 피하는 게 상책이다.

기왕이면 실수요자들이 원하는 평형대를 선택하되 30평대 이상이 좋고, 20평대 미만은 피하고 20평대라도 방 3, 화장실 2개로 접근하길 바란다.

　'경기도 부동산 투자'로 수도권 부동산 투자 시리즈 세 편이 완성됐다. 앞으로 서울 부동산도 다룰 날이 있을 것이다. 참고로 서울 구축 아파트가 크게 오를 시기가 다가온다. 적극적으로 매수하길 바란다.

　책을 토대로 부동산 상승장에서 아파트 투자로 더는 박탈감을 느끼지 않았으면 한다. 부동산으로 돈을 벌 시기는 언제나 주어지지 않는다. 돌발변수에 기인한 확대 해석이나 공포 조장, 몇몇 뉴스와 유명인들의 그럴듯한 논리는 우리를 영영 선의의 피해자로 머무르게 할 수 있다. 내용을 믿고 부의 추월차선에 들어서길 진심으로 바란다.●